博阅中国

中国趣玩

古人真会玩

余俊雄 著
赵墨染 绘

中国少年儿童新闻出版总社
中国少年儿童出版社
北京

图书在版编目（CIP）数据

中国趣玩 / 余俊雄著；赵墨染绘 . -- 北京：中国少年儿童出版社 , 2024. 12. -- ISBN 978-7-5148-9309-0

Ⅰ . G898

中国国家版本馆 CIP 数据核字第 20244J20M9 号

ZHONGGUO QU WAN
（博阅中国）

出版发行：	中国少年儿童新闻出版总社 中国少年儿童出版社		
执行出版人：	马兴民		
责任出版人：	缪 惟		
丛书策划：缪 惟		插　　图：赵墨染	
责任编辑：陈白云		责任校对：夏明媛	
装帧设计：刘妍妍		责任印务：厉 静	
社　　址：北京市朝阳区建国门外大街丙 12 号		邮政编码：100022	
编辑部：010-57526320		总编室：010-57526070	
发行部：010-57526568		官方网址：www.ccppg.cn	
印　　刷：北京中科印刷有限公司			
开　　本：720mm×1000mm　1/16		印张：18.75	
版　　次：2025 年 2 月第 1 版		印次：2025 年 2 月第 1 次印刷	
字数：177 千字		印数：1-5000 册	
ISBN 978-7-5148-9309-0		定价：69.80 元	

图书出版质量投诉电话：010-57526069，电子邮箱：cbzlts@ccppg.com.cn

目录

游戏
享受快乐的游乐园

和花草小虫交朋友——亲近大自然的游戏

4 斗草——传统游戏中的"活化石"
10 养蝈蝈——声声呼唤"叫哥哥"
14 逗蛐蛐——呼唤秋天的小虫

动手动脚乐翻天——动作游戏

20 骑竹马——两小无猜的玩物
26 荡秋千——半个仙人空中飘
32 跳绳——"跳马索儿耍子"
38 蹴鞠——古老的足球运动
44 踢毽子——在脚尖上飞花
50 捶丸——中国式高尔夫球
54 木射——中国古代的保龄球
58 打水漂——战场上的奇门兵刃
62 拔河——从水战到陆战的较量
66 投壶——发源于射箭的游戏
70 影子戏——"全凭十指逞诙谐"
74 转糖得彩——转盘上面试大运
78 经典儿童集体游戏——快乐尽在童心中

智慧尽在嘴皮上——口头游戏

84　猜谜——人说猜谜似射虎
90　打麦——儿童拍手游戏
94　算24点——洋为中用震海外
98　划拳——手指间的"战争"
102　挤三十——旧时民俗"穷开心"
104　绕口令——嘴巴里的"弯弯绕"

妙笔生花显文采——文字游戏

108　九九消寒图——寒冬里寻"乐子"
112　升官图——步步高升在"纸上"
114　回文——乐趣原在颠倒间

大街小巷齐狂欢——民间娱乐游戏

120　踩高跷——"出人头地"的娱乐
126　舞龙——"漫衍鱼龙"舞神州
130　耍狮子——洋为中用的游戏
134　扭秧歌——令脚板作痒的舞蹈
138　赛龙舟——端午节的庆祝活动
142　转九曲——古老的中国迷宫游戏

玩具
儿童的第一本教科书

吸引眼球的玩物——观赏玩具

150　魔合罗——泥娃娃的前身

154　阿福——有生命的泥土

158　泥咕咕——小小"兵马俑"

162　兔儿爷——北京人心目中的月神

166　糖人——甜蜜的耍货

170　四喜娃——四娃连体喜煞人

176　小黄鸭——鸭子舰队漂流记

180　饮水鸟——"永动"小鸟之谜

184　孔明灯——"鸡蛋"飞上天

188　走马灯——"飞绕人间不夜城"

192　哈哈镜——引人发笑的魔镜

乐在手舞足蹈中——动作玩具

- 198 木偶——玩于指掌间的傀儡
- 202 不倒翁——"不倒原来泥半团"
- 206 拨浪鼓——儿童玩具的"活广告"
- 210 嘎拉哈——原生态的玩物
- 214 弹弓——向鸟儿说一声"抱歉"
- 218 扑满——孩子自己的小银行
- 222 空竹——奥运会上显身手
- 226 陀螺——犟脾气的小家伙
- 230 风筝——春风送你上青天
- 236 竹蜻蜓——"中国陀螺"飞起来
- 240 风车——巧借风力送电来
- 244 指南针——"慈石"引子
- 248 翻花——花篮十八翻
- 252 爆竹——从驱山鬼到飞上天

脑洞大开显天才——益智玩具

- 258 中国象棋——河界三分阔，智谋万丈深
- 262 围棋——洞中一棋，世上千年
- 266 五星棋——暗藏诸葛亮的空城计
- 270 七巧板——东方最古老的娱乐工具
- 274 九连环——"妙绪环生"
- 278 华容道——棋盘游戏捉放曹
- 282 鲁班锁——献给联合国的礼物

序言

中国传统游戏和玩具丰富多彩、历史悠久，是我国传统文化的一部分。本书列举的仅是其中流传较广、比较典型的一些实例。

在玩游戏和玩玩具时，你一定会有很多疑问，比如，"秋千"为什么不叫"春千"？"赛龙舟"为什么不叫"赛虎舟"？古人为什么在酒席上放不倒翁？为什么我国要向联合国赠送鲁班锁？等等。这些问题都可以在本书中找到答案。

鲁迅先生说过："游戏是儿童最正当的行为，玩具是儿童的天使。"是的，游戏和玩具不仅可以愉悦身心，而且可以壮志、长智，让我们把这些"最正当"的文化娱乐发扬光大！

游 戏

享受快乐的游乐园

和花草小虫交朋友

亲近大自然的游戏

《红楼梦》中的女子为什么痴迷斗草?

蝈蝈也住"高级房"?

古人秋天玩什么?

斗草

传统游戏中的"活化石"

群婴图中看斗草

斗草是一种什么游戏？清朝宫廷画家金廷标画的《群婴斗草图》中，形象地绘出了斗草的全过程。

画中一群孩子在水边草地上游玩，他们有的在找草，有的在斗草，有的在观战。斗草就是两人各持一根草茎的两端，先使二草茎相交，然后用力向己方拉，最后谁的草茎被拉断，谁就输了。

《群婴斗草图》画出了儿童找草、斗草、观战中的乐趣，表现了他们对大自然的热爱。

斗草游戏的起源

有人认为,斗草游戏源自古时神农帝采百草,为民治病的传说。

南梁《荆楚岁时记》中说:"五月五日,四民并蹋(tà)百草,又有斗百草之戏。""斗草"这个词最早就出自这里。古人认为五月是恶月,正是病变多发之时,于是采百草编成圈,挂在儿童脖颈上,以保平安。慢慢地,由采草药演化出来斗草的游戏。

其实,后来斗草游戏不一定只在春季玩。金秋时节,遍地红叶,有人就拿叶茎来斗,这就是斗草游戏的变种——斗叶。

再后来,斗草游戏成为一种娱乐活动。宋朝范成大《春日田园杂兴》中,有一首诗:

社下烧钱鼓似雷,日斜扶得醉翁回。

青枝满地花狼藉,知是儿孙斗草来。

诗中描述的就是儿童斗草游戏。斗草不需要娱乐设施,只要有野花野草,孩子们就可以玩得不亦乐乎。

游戏中的"活化石"

说斗草是游戏中的"活化石",并非夸大其词,因为早在远古时代,就有玩草的习俗,只是到梁代才有正式名称"斗草"。

西周歌谣《诗经·周南·芣苢(fú yǐ,车前子草)》中,就有表现儿童玩芣苢的诗句:

采采芣苢,薄言采之。

采采芣苢,薄言有之。

采采芣苢,薄言掇之。

采采芣苢,薄言捋之。

采采芣苢,薄言袺(jié)之。

采采芣苢,薄言襭(xié)之。

诗中描述的是采草时,又掇(拿),又捋(整理),又用衣襟兜着,多么认真。

唐宋之后,斗草游戏已经很普及了。不止儿童玩,大人也玩。不止百姓玩,王公大臣和文人墨客也乐此不疲。

许多诗句都描述了这种游戏。唐朝诗人贯休《春野》诗中有:

牛儿小,牛女少,

抛牛沙上斗百草。

白居易诗《观儿戏》诗中有：

弄尘复斗草，

尽日乐嬉嬉。

宋朝欧阳修《夫人阁端午帖子词》中有：

鸣蜩惊早夏，

斗草及良辰。

由此可见，斗草游戏后来又进入到文化领域了。

从"武斗"到"文斗"

最早的斗草游戏是用实物相斗，戏称"武斗"。后来，慢慢变成文明地"斗"，不是用力较劲，而是相互用语言、文字等文明方式比试。

比试的方式很多，各人先努力去采集珍贵的花草，然后比较谁采的草更稀有、更名贵和更吉祥。

清朝李声振在《斗百草》诗中云：

一带裙腰绣早春，踏花时节小园频。

斗他远志还惆怅，惟有宜男最可人。

诗中的"宜男"和"远志"都是草名。据说，远志有益智功效，十分名贵。宜男又名忘忧草,有"忘却忧愁"的作用,所以更胜一筹。

用花草名口头比试是文斗的低级形式,更高级的文斗是一种文字游戏。

古典名著《红楼梦》中就有文斗的详细描述。小螺、香菱、芳官、蕊官、藕官、豆官等女子,各自在园子里采了许多花草树枝,然后坐在一起用语言相"斗"。

这一个说:"我有观音柳。"那一个说:"我有罗汉松。"那一个又说:"我有君子竹。"这一个又说:"我有美人蕉。"这个又说:"我有星星翠。"那个又说:"我有月月红。"

其中"观音柳""罗汉松""君子竹""美人蕉""星星翠""月月红"都是花木名,对得都很到位。

下面的文斗方式更进一步。这个又说:"我有《牡丹亭》上的牡丹花。"那个又说:"我有《琵琶记》里的枇杷果。"其中既有花果,又有相对应的文学名著,真是把斗草游戏发展到极致了。难怪这种游戏当时竟得到皇上的赏识哩!

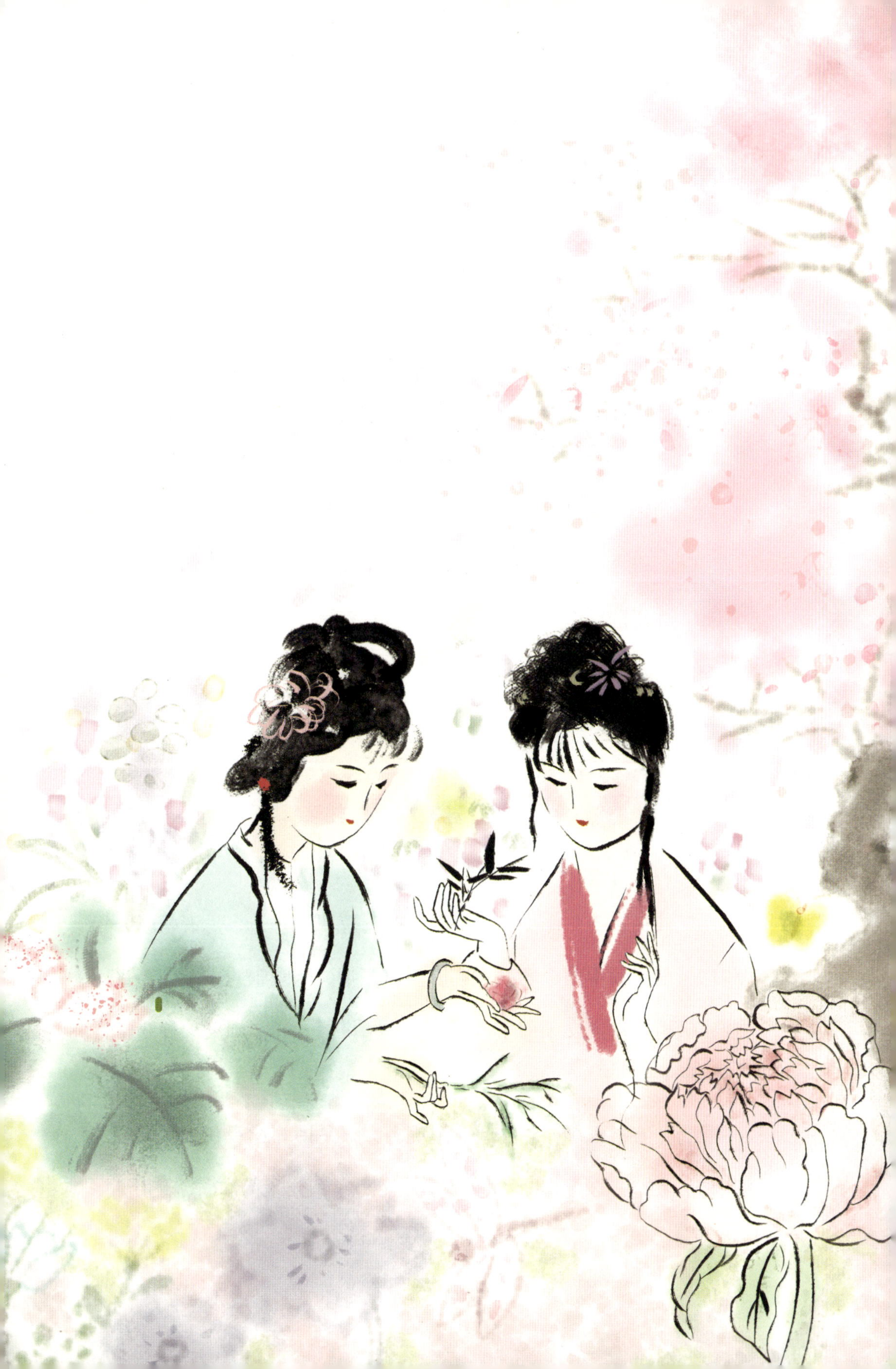

养蝈蝈

声声呼唤"叫哥哥"

"嬉叫哥哥"

天津杨柳青年画中,有一幅名为《嬉叫哥哥》,是清朝康熙年间印行的。画中四个娃娃在庭院里养蝈蝈,听蝈蝈叫,十分高兴,叫声吸引了室内女子前来观看。这幅画说明,养蝈蝈是一种儿童喜欢的游戏。

为什么把蝈蝈叫作"哥哥"呢?大概是因为读音相近。蝈蝈是一种类似蝗虫的昆虫,它翅短腹大,雄性借前翅基部摩擦,发出"蝈蝈"声调，这就是北方人将它叫作"蝈蝈儿"的来历。后来，南方人将"蝈蝈"转变成"哥哥"音，所以嬉称"叫哥哥"。这名称好可爱啊！

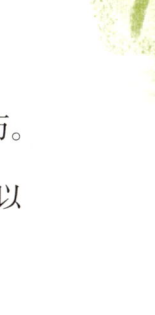

"怀里金铃响得匀"

清代夏仁虎写了一首《养蝈蝈》宫词：

锦襦深处似春温，怀里金铃响得匀。

争说曾逢西母笑，朝来跪进洗头盆。

词意是宫女都养金铃子等各种虫，词作者特别标注包括蝈蝈。为使它们温暖过冬，故放在怀里，藏在锦衣里。这虫儿叫声多么好听。据说宫女们把它放在盆里，献给西王母。此西王母即指慈禧太后，引得太后大笑。

虫趣

小小昆虫，为什么如此吸引人，令大人、小孩，民间、宫廷都"喜扑养之"？

首先，它叫声好听。养蝈蝈一般都在夏末秋初，直到冬天。它喜暖，经阳光一晒，便叫声不止，给寒冬带来生命的呼唤。

其次，蝈蝈好养活。养在家里，正好可以让蝈蝈吃掉家里剩余的菜叶、瓜果。它不挑食，连残羹剩饭都视为美食。

抓蝈蝈也是一种融入大自然的方式。蝈蝈种类很多，颜色各异。绿色的，人们叫它"草蝈蝈"；古铜色的，人们叫它"铜蝈蝈"；青色的叫它"铁蝈蝈"。到野外、农田去抓，可以用手去抓，也可以用网去捕。不过最巧的办法是用饵绳去钓，钓饵往往是菜品或蚂蚱。多么有趣啊！

蝈蝈笼

养蝈蝈，养具也很重要。

我们常常会看到街头巷尾卖蝈蝈的，将蝈蝈养在小巧玲珑的草编、竹编小笼子里。笼子十分可爱，像小型工艺品。

专业养蝈蝈户，则有一种高端养具"蝈蝈葫芦"。《清稗类钞·工艺类》书中，提到梁九公制造的养蝈蝈葫芦，是在葫芦尚未成熟时就按形制规范束缚而成。高端葫芦具用象牙或檀木镂空做盖，里面还装有铜簧，蝈蝈在里面叫时，引起弹簧随振，形成二重奏。

当然，对于平民大众，还是接近大自然的草编笼更实惠！

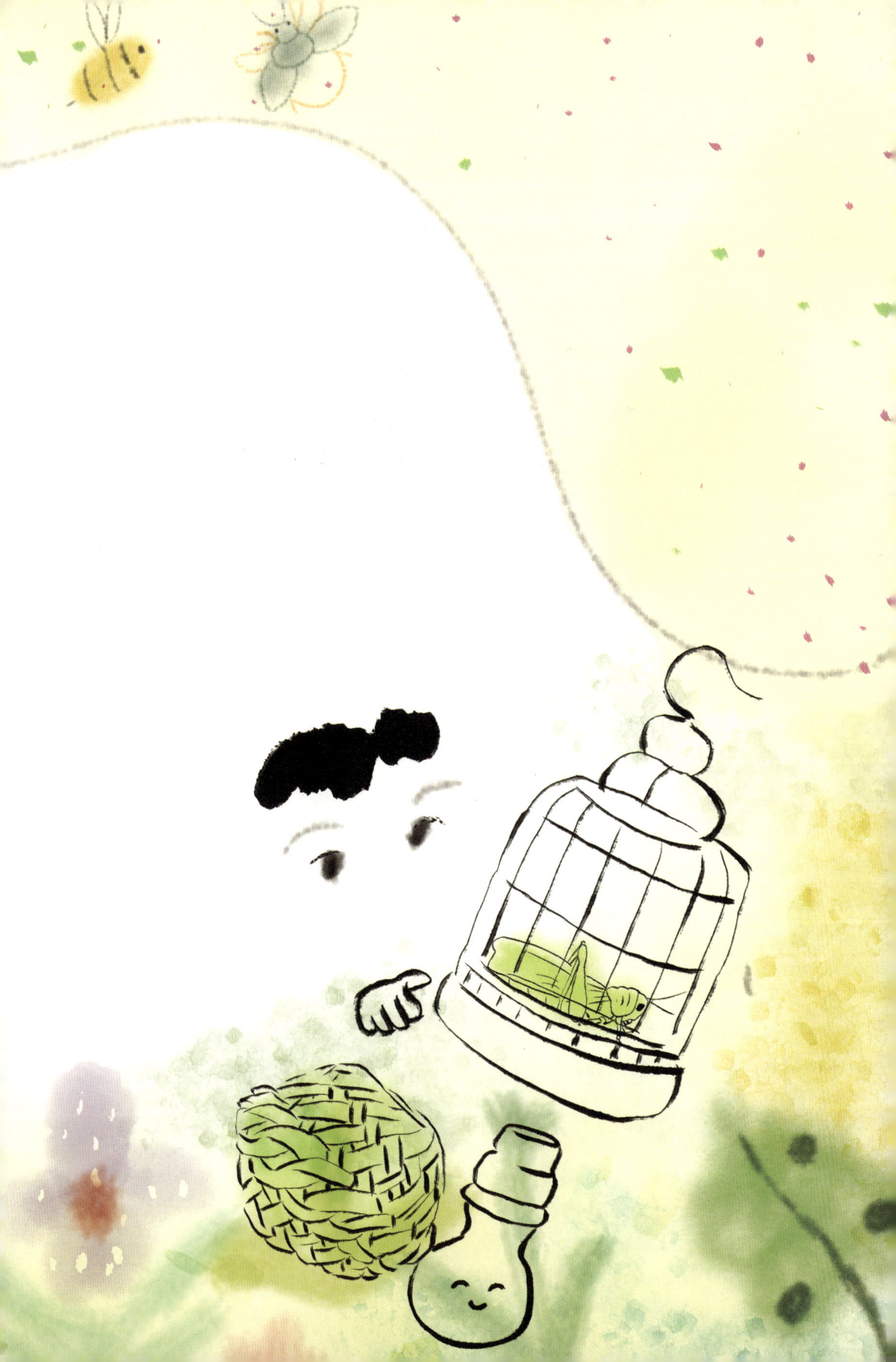

逗蛐蛐

呼唤秋天的小虫

虫小名字多

蛐蛐学名蟋蟀，又名蛩（qióng）、蜻蛚（liè）、王孙、秋虫等，俗称蛐蛐，雅称促织。

为什么叫促织呢？因为蛐蛐叫声急促，像织布声。过去农户的衣服，都是用自己织的布做的。有句俚语"促织鸣，懒妇惊"。意思是蛐蛐叫了，秋天就到了，最懒的妇人也要赶快织布缝衣了。

引斗以为乐

逗蟋蟀又名斗蟋蟀,此风大约从唐代开始兴起。《开元天宝遗事》中有记载:"每至秋时,宫中妃妾辈,皆以小金笼捉蟋蟀,闭于笼中,置之枕函畔,夜听其声。庶民之家皆效之也。"

明清时,斗蟋蟀之风更盛。万历年间蒋一葵在《长安客话》中说:"京师人至七八月,家家皆养促织。……不论老幼男女,皆引斗以为乐。"

清朝民俗画家吴友如,画了一幅《儿童斗秋虫图》。图中数个儿童在树下斗虫。图中有文字说明:"同称飞将,一决雌雄,漫言儿戏,亦奏膺功。"

斗蟋蟀误国

斗蟋蟀本是一种游戏，谁知竟有当权者把这项活动引入歧途。

《宋史·贾似道传》记载，贾似道靠走后门，当上了官。此时蒙古军南下，包围重镇襄阳。形势如此危急，他竟然还在与诸妾斗蟋蟀玩，以致亡军误国。

清朝蒲松龄在他写的《聊斋志异》小说中，有一篇《促织》，就取材于宣德皇帝痴迷斗蟋蟀之事。有首儿歌："促织嚁嚁叫，宣德皇帝要。"说的就是此事。皇帝一句话，竟弄得许多百姓为进贡蟋蟀而倾家荡产，更有甚者，家破人亡。

走进收藏领域

从民间到宫廷,大家都很喜欢斗蛐蛐,养蛐蛐的器皿也越做越精美,后来有些养蟋蟀的器皿成了珍贵的收藏品。故宫就收藏有一些明清宫中用的蟋蟀罐,这些蟋蟀罐造型精美,工艺日臻化境,现被列为珍宝。我们今天参观这些历代珍品,一方面对那些昏庸皇帝心生痛恨,而更多的是向古代工匠的高超技艺致敬。

动手动脚乐翻天

动作游戏

秋千为什么不叫"春千"?

古代皇帝也打"高尔夫"?

古代也有女子足球队?

骑竹马

两小无猜的玩物

"竹马"的来历

"竹马"实际上就是竹竿，儿童把它放在胯下当马骑，就成了一种游戏。

那么，为什么比喻成马，而不是牛或骆驼呢？这据说来源于南朝史学家范晔写的《后汉书》。书中写道，当时有一位姓郭的县官，他上任时，路过西河美稷这个地方，有许多儿童骑着竹竿夹道欢迎他。西河美稷位于今天内蒙古自治区准格尔旗北部草原地带。骑马是草原人民的拿手好戏，儿童用竹竿当马骑，模仿骑手玩乐，这是很自然的事。于是，《后汉书》中把儿童玩乐用的竹竿，说成"竹马"。

青梅竹马

有一句成语"青梅竹马"，常用来形容男女在幼年时，两小无猜的亲密友情。

这个成语出自唐朝大诗人李白的一首诗《长干行》。这首诗的前六句是：

妾发初覆额，折花门前剧。

郎骑竹马来，绕床弄青梅。

同居长干里，两小无嫌猜。

诗句的意思是，一个小女孩刚刚头发长到盖住额头时，折下一枝花在门前玩耍。一个小男孩骑着一根竹马，绕着床玩弄手中的青梅果。他们同住在长干里这个地方，两人两小无猜，感情深厚。

这些诗句原来是描述男女幼童天真无邪地在一起玩乐的情景，后来就用"青梅竹马"来形容男女小时候的天真无邪和亲密友情。

竹马的演变

竹马最早就是一种象征性的儿童玩物，后来演变成一种娱乐活动，制作工艺也更加复杂。

为了让竹马更像真马，人们开始装饰竹竿。有的在竹竿尾梢保留一些绿叶，像马的尾巴。唐朝另一位诗人李贺在《唐儿歌》中就描述了这种竹马：

竹马梢梢摇绿尾，

银鸾睒（shǎn）光踏半臂。

再后来，人们又在竹马上安上了马头。宋代有一种绘有婴戏图的陶瓷枕，就画有竹马。图中竹马不仅有绿尾，而且安上了木头做的马头。一个小儿挥着鞭儿骑在竹马上，非常神气。

到了明代，竹马又进一步改进，装上了轮子，成为马车。明代安徽制造的名墨《九子墨》上，还绘有这种竹竿式、带轮子的马车。画中儿童骑着它，前有同伴开道，后有同伴护驾，真是前呼后拥，热闹非凡啊！

竹马上舞台

竹马的另一个演进,是进入到戏曲表演中,成为一种道具。

南宋周密写的《武林旧事》一书中,就提到当时的武林,即今日的杭州,舞台上出现了竹马舞。

到了元朝,正式采用竹马作道具,代表真马,也就是用竹竿作马进行表演。比如元朝杂剧《萧何追韩信》中,萧何就是骑着竹马,去追赶韩信的。

到了清朝,甚至出现了一种竹马戏,整场演出都用竹马来串场。这种竹马戏先是在田间、街头演出,后来登上了正式的舞台。竹马戏不只在白天演出,有的还在夜间演出。于是在马头上挂上灯,变成一种灯戏。

清朝李声振在《百戏竹枝词》中，专门写了《竹马灯》词。题解中说：竹马，"元夜儿童骑之，内可秉烛，好为明妃出塞之戏。"词中有两句是：

红灯小队童男好，

月夜胭脂出塞图。

说的是一队小男童，骑着挂有红灯的竹马，在月夜里表演《昭君出塞》戏。诗中"胭脂"指的就是美女昭君。据说昭君出塞时，真有骑兵相送，所以表演十分逼真。

在福建彰浦县，还保留着一种特别的戏种——竹马戏，这种竹马戏一直保留着竹马这种原始道具，至今仍在延续，可以说是一种"戏曲活化石"。

现在，竹马已在大多戏曲表演中消失，一般用挥马鞭代表骑马动作，用绘有车轮的旗帜代表马车。今天虽然在舞台上告别了竹马，但竹马的影子仍深深地留在人们的脑海里。

25

荡秋千

半个仙人空中飘

半仙之戏

荡秋千是一种十分快乐的游戏。清朝词人李声振写有一首《百戏竹枝词·秋千架》，其中有两句：

> 日影垂杨舞半仙，
>
> 御风图画两婵娟。

说的是两个女子乘着风儿打秋千，快活似神仙。

唐朝《开元天宝遗事》一书中记载："天宝宫中，至寒食节，竞竖秋千，令宫嫔辈戏笑以为宴乐。帝呼为半仙之戏，都中士民因而呼之。"

原来，把打秋千比作"半仙之戏"，出自唐玄宗李隆基。他在宫中架起秋千，和嫔妃一起玩乐，称玩秋千胜过神仙，多么快乐！

古典小说《金瓶梅》提到女仆宋蕙莲在花园里打秋千："这蕙莲手挽彩绳，身子站的直屡屡的，脚跐定下边画板，也不用人推送，那秋千飞在半天云里，然后忽地飞将下来，端的却是飞仙一般，甚可人爱。"书中把"半仙之戏"描述得何其生动。

秋千的起源

关于秋千的起源，有多种说法。

有人认为，秋千是从劳作中演进而来的。古时劳动人民在林间作业时，常常攀抓树枝、藤条，荡着过沟或往高处摘果。劳作之余，将这种动作作为娱乐，变成秋千。

清朝翟灏在《通俗编·古今艺术图》中说，在春秋时期的北方少数民族"山戎"中，有人用绳子吊着板子，在空中晃荡玩乐。齐桓公发现这种游戏，就引进齐国，慢慢流传开来。

还有一种说法，认为秋千是古代妇女要求解放的一种方式。

传说古时候朝鲜族妇女受封建传统约束，整天闷在自家院子里，不准出门。为了看看外面的世界，她们就支起绳架和跳板，荡到空中，偷看外面的风光。所以，玩秋千至今仍是朝鲜族一种传统游戏。

"秋千"和"千秋"

有人会问，"秋千"这两个字，似乎和秋千游戏完全不搭界，这个词到底是从何而来的呢？

这其中也有不同说法。

一种说法是，"秋千"乃是从"秋迁"演变而来。过去，人们为了避寒，会向暖和的地方迁移。在迁移过程中遇到山涧小沟，就抓住藤条荡过去。事后，人们就仿制了这种游戏，名曰"秋迁"，后来简化成"秋千"。

另一种说法出自宫廷。传说西汉时，有人把秋千引进宫廷，汉武帝也和大家一起玩。汉武帝问："这游戏叫什么？"宫人为讨好皇上，说叫"秋千"。汉武帝又问："这是什么意思？"宫人解释说，这是祝福皇上"千秋万岁"的意思。皇上又问："为什么不叫'千秋'呢？"宫人又回答说，"秋千"玩到极点，人就会倒过来,所以"千秋"变"秋千"。这个传说部分出自唐代高无际的《汉武帝后庭秋千赋》。原来,"秋千"一名还有祝福的意思。

另类秋千

秋千游戏源自大自然,进而普及民间,走进宫廷。一代代发展,又出现了许多新样式、新玩法。

一是玩的地方从田野、庭院,到舞台,从陆地到水上。

宋代孟元老在《东京梦华录》记载:"两画船,上立秋千……一人上蹴秋千,将平架,筋斗掷身入水,谓之'水秋千'。"

所谓"水秋千",就是将秋千架在两船之间,玩者在秋千荡到水平时,翻筋斗投入水中。这相当于今天的跳水运动啊!

二是玩的样式更复杂了。清代年画中出现一种四联秋千,这是在秋千架的横竿上,架上一个"十"字形的荡架,同时可供四个人玩。这就相当于今天的体育运动和娱乐游戏了。

谜语中的秋千

谁会想到,秋千这种游戏,竟然会从实体游戏,引入到文字游戏中。

猜谜是我国的一种传统文字游戏,其中有一种谜格叫"秋千格"。这种谜格的意思是,谜底要倒着念。为什么把这种谜格叫作

"秋千格"呢？就是它和秋千一样，当玩到极点——秋千荡到垂直位置时，人就倒立着了。

举一个例子。谜面是"玉"，谜底打一个国家名，注明是"秋千格"。猜此谜时，要想到"玉"是"国"的中间部分，因此猜谜底是"国中"。又因为注明是"秋千格"，所以真正的谜底应该倒过来，即"中国"。

跳绳

"跳马索儿耍子"

从跳马索到跳百索

"绳"古称"索",所以古时管"跳绳"叫"跳索"。

明朝兰陵笑笑生写的《金瓶梅》中,讲到妇女玩索的情景:"只见吴月娘、孟玉楼、潘金莲并西门大姐四个,在前庭天井内月下跳马索儿耍子。"

这"马索儿"是什么"耍子"呢?就是跳绳。为什么将跳绳称作"跳马索儿"呢?据说,这与古时战场上的"绊马索"有关。

古代打仗时，骑兵是主力。为了阻止敌方战马前进，士兵们往往在马路上横一根绳子，以便绊住马脚，达到人仰马翻的效果。这种绳子就叫"绊马索"。

战争过后，有人就用绊马索玩乐，玩来玩去，就成了"跳马索"游戏。

当然，这不是说跳绳游戏起源于跳马索。将跳绳叫作"跳马索"，只不过是一种比喻而已。这种游戏在古代又有许多别名。

唐朝管跳绳叫"透索"和"踏索"。"透索"就是跳时要"穿透"绳子。"踏索"就是跳时要"踏过"绳子。

明朝时，又将跳绳称作"跳百索"和"跳白索"。

明人沈榜在《宛署杂记》中提到："以一绳长丈许，两儿对牵，飞摆不定，令难凝视，似乎百索，其实一也。"原来，跳绳时，由于绳子飞摆不定，容易把一根绳子看成一百根绳子，所以叫"跳百索"。

到明末崇祯年间，又将"跳百索"称作"跳白索"。刘侗、于奕正写的《帝京景物略》一书中说："二童子引索略地，如白光轮。一童子跳光中，曰跳白索。"此文记载在书中"灯市"卷中，夜里绳子像白色光轮转动，跳绳就像跳入白色光轮，所以叫"跳白索"。

跳绳为何唱"高末"

古时,跳绳时还有伴歌一说,甚至还有专门的歌词。

《北齐书》后主纪卷中,有段文字:"游童戏者,好似两手持绳,拂地而却上,跳且唱曰'高末'。"说的是儿童跳绳时,边跳边唱,唱词是"高末"。为什么要边跳边唱?"高末"又是什么意思呢?

原来,这里有一个故事。北齐皇帝姓高,"末"指的是他的"末日"要到了。北齐后主高纬是个昏君。他整天过着骄奢淫逸的生活,疏于朝政。所以,很快就国破人亡了。后来,人们就将"高末"作为警句,意思是"高家的末日到了"。

这个警句后来又渗透到儿童的童谣中,进而被引用到跳绳游戏里。

顺便说一下跳绳的种类,大致分小绳和大绳两种。小绳就是一个人单跳,大绳是两人或多人摇长绳,其他人跳入。上文说的"两手持绳"就是"小绳"。一跳一唱,正好符合节奏。这种边唱边玩的游戏,后来被引入到多种儿童游戏中,比如广泛流传的"打麦",即今天的"拍手"游戏。这种游戏是边拍手,边唱歌。

太平鼓中赛跳绳

清道光年间,彭蕴章写有一首鼓词《幽州土风吟·太平鼓》:

> 太平鼓,声冬冬,白光如轮舞索童。
>
> 一童舞索一童唱,一童跳入光轮中。

太平鼓是明清时代节庆活动中的一种乐器。节庆活动中,引进了跳绳节目,使得活动有声有色。鼓声咚咚,儿童们又唱又跳,多么热闹啊!

这种活动,在元宵佳节尤为流行。在明人谭贞默写的《灯市》一诗中,就有"铙鼓殷阗赛跳绳"的诗句。这句诗的意思是,在元宵节的夜里,有灯照耀,又充满如雷的铙鼓声,再加上跳绳的欢乐,节日更添光彩。

在清朝,元宵之夜除了太平鼓乐、跳绳外,还要燃烧"薪"火。当年一部《燕台口号一百首》中有一首写道:

> 轮跳白索闹城阓(hé),元夕烧香柏作薪。
>
> 络索连环声响应,太平鼓打送年人。

点"薪"火就是点燃柏木堆。鼓声、薪火爆裂声,加上跳绳引起的呼呼声——人们就在这满城的热闹声中送走了旧年!

跳绳开新篇

跳绳这项极其古老的"耍子",传至今天,不但没有消失,而且发扬光大了。

首先,在玩法上有了创新。除了简单的单跳和双人甩一根绳跳外,又发展到双人跳一根绳和多人跳。技法上又有后甩、前后交叉甩、八字摇花甩等多种甩法;跳技中又有边跳边翻跟斗等多种技法。

其次,在场地上和名目上,范围更加扩大了。它已经被列入到体育运动中,成为健身项目。它还进入到杂技艺术中,成为一种表演节目。

同时,跳绳还被列入到世界性的竞技比赛中。我国一个小学生曾创造了单摇跳的吉尼斯世界纪录,为这项活动增添了光彩。

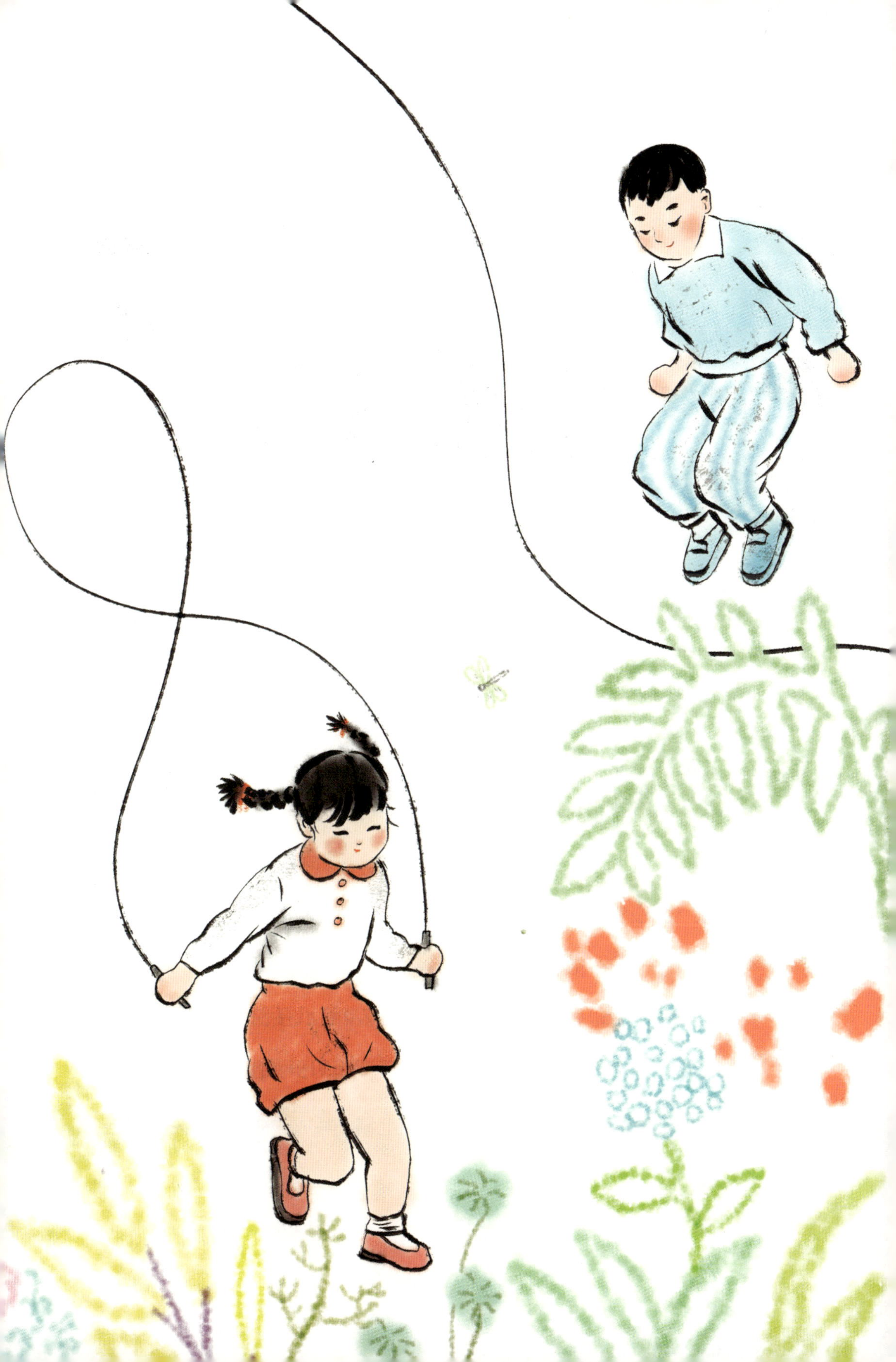

蹴鞠

古老的足球运动

"穷巷蹴踘"

"蹴鞠"的"蹴"意为"用脚踢",而"鞠"则意为"用皮革制作的球",合起来就是踢球的意思。

踢球作为一种游戏,历史十分悠久。任何一种小东西,如土块、果实等,都可以拿来踢着玩。"球"字为"王"旁,意为玉石。表明古人最早将石块当球。后来,改用毛制,写成"毬";再改用革制,写成"鞠"。

西汉桓宽写的《盐铁论》中，说"穷巷蹴鞠"，即穷苦百姓在巷子里玩球，说明这项活动十分普及。

《西京杂记》中讲了一个故事，说汉高祖刘邦登基后，十分高兴，将老父从乡下接到宫中。尽管宫中有好吃、好玩的，但老父还是闷闷不乐。一打听，原来老人平生好蹴鞠。而宫中尽管有别的玩乐，却没有蹴鞠。于是刘邦把它引入宫中。

女子"白打"

唐朝王建写的《宫词》中，有一首是：

宿妆残粉未明天，总立昭阳花树边。

寒食内人长白打，库中先散与金钱。

意思是在寒食节清早，宫中女子总是在花树边玩"白打"，为此还要动用库中金钱去奖励她们中的优胜者。

这"白打"就是指蹴鞠的一种玩法，即不用特别的场地，不设球门，只要带上球就可开踢。"白打"的方式有脚、膝踢，还有用背、肩抖等。动作有拍、拽、捺、挖、拐和勾等，花样众多。

女子蹴鞠后来还被引入到戏剧中。元代杂剧作家关汉卿写的《女校尉》中，就有女子蹴鞠的内容。

明清时，蹴鞠甚至成了某些女子必须掌握的技艺。明朝兰陵笑笑生作的《金瓶梅》中，就有女子蹴鞠的描述。名妓李桂姐、李桂卿都是蹴鞠高手。

后来，"白打"不只是在女子中流行，男人也参与其中。宋代马远有幅《蹴鞠图》，画的就是男女同时在柳荫下玩"白打"的情景。其中有人在"打"球，还有人在旁边助威，展现了蹴鞠运动的激情与活力。

明朝更有人用诗来赞颂女子蹴鞠：

蹴鞠当场二月天，香风吹下两婵娟。

汗沾粉面花含露，尘拂娥眉柳带烟。

翠袖低垂笼玉笋，红裙曳起露金莲。

几回蹴罢娇无力，恨煞长安美少年。

诗中把两位蹴鞠女子的装束、动作和蹴鞠场景，写得惟妙惟肖，让我们一窥"明朝女子足球"的风采。

儿童蹴鞠

蹴鞠在穷乡、成人中流行，自然也发展成了儿童的娱乐活动。

明朝许多瓷器上都绘有儿童蹴鞠图。在一些明宣德青花瓷镇纸

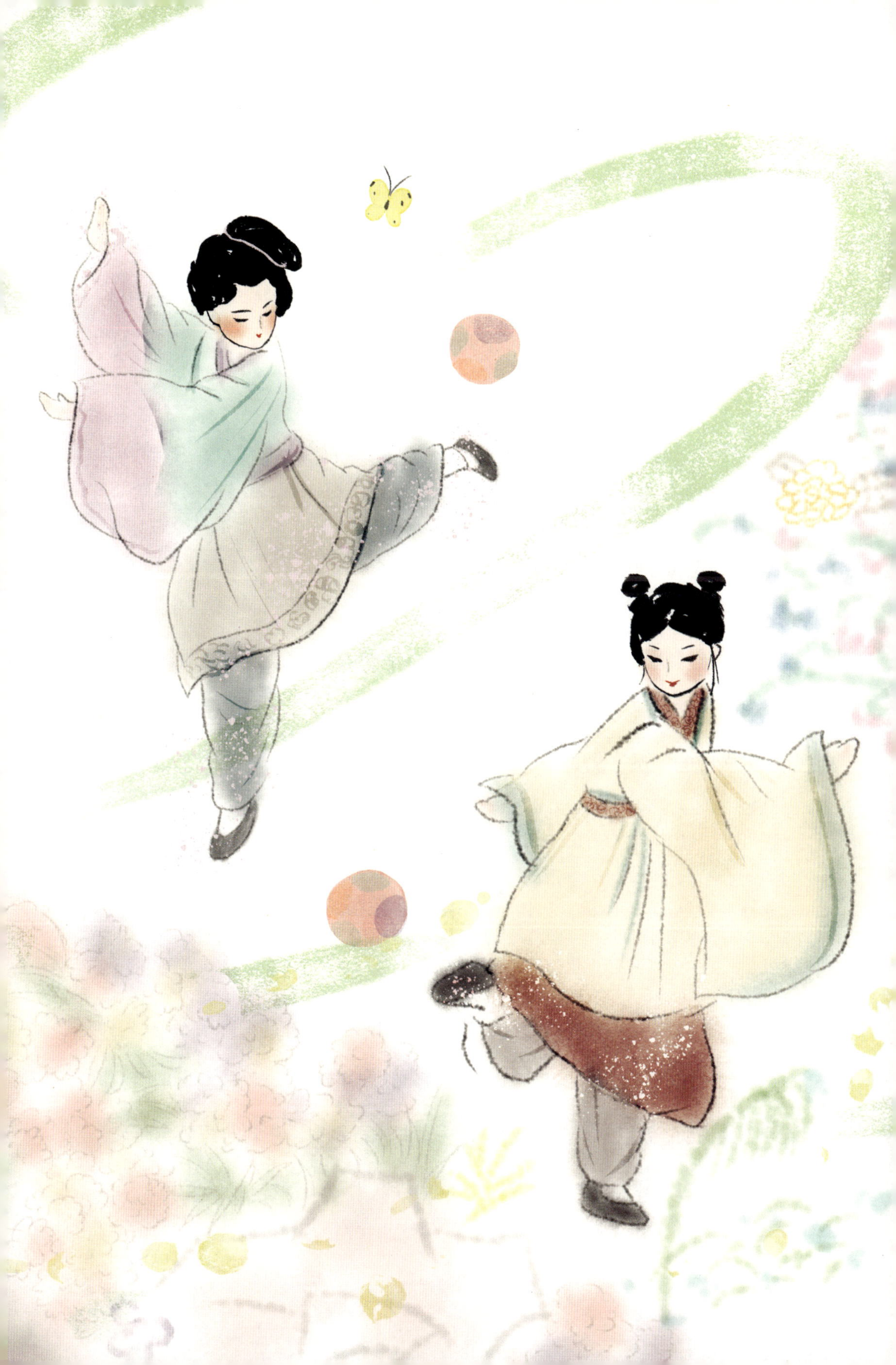

和五彩碗上，都有这样的图案。其中儿童蹴鞠形象栩栩如生。

清朝民间节庆活动中，还流行"蹴鞠会"，这种年会活动尤其受少年欢迎。清人袁启旭在《燕九雅集》中，描绘北京白云观正月十九日"燕九节"，有以下两组诗句：

笙歌队里击球社，珠箔丛中走马场。

如蚁游人拦不住，纷纷挤过蹴球场。

这里说到蹴球队伍在音乐声中走过，游人如织。此游人自然包括儿童。儿童们不只是看，也自己玩。清朝许多瓷器上，都画有儿童蹴鞠图。

《聊斋志异》中还写有狐女小翠和王府公子蹴鞠的情景，小翠"刺布作圆，蹋蹋为笑，着小皮靴，蹴去数十步，给公子奔拾之。"文中的"圆"就是球。文中还专门写到踢球有专门的小皮靴。

兵家蹴鞠

蹴鞠，从穷乡到宫廷，从大人到小孩，接着就走进了军中。

汉代《汉书·艺文志·兵家》中，就列有《蹴鞠二十五篇》。这说明，汉代就将蹴鞠列入到兵家训练科目中。在刘向写的《别录》中，也说蹴鞠是一种兵势，用以训练武士。

《汉书·霍去病传》中还记载西汉名将霍去病出征塞外，要"穿域蹹鞠"，以训练将士。蹹，即踢。晋代《会稽典录》一书中，就提到"汉末，三国鼎峙，年兴金革，士以弓马为务，家以蹴鞠为学"。说的是当时家家都要学蹴鞠，以便从军而用。

鞠城之"铭"

到了汉代，蹴鞠开始设场、立规了。汉代李尤专门写了《鞠城铭》，其中有句：

圜鞠方墙，仿象阴阳。

法月衡对，二六相当。

就是说，蹴鞠有专门的长方形球场，有围墙。球象征天，属阳；球场象征地，属阴。两端还有六个鞠室，平衡相对，呈月牙形，相当于球门。《鞠城铭》中还有"建长立平，其列有常"一句，说的是还有"长"（队长）和"平"（裁判）。

北宋时，还出现了"圆社"，就是管理蹴鞠的机构。

由此可见，到唐宋之后，古代蹴鞠的形制已接近现代足球运动了。

踢毽子

在脚尖上飞花

"蹴鞠之遗事"

踢毽子是一种常见的游戏,也是一项十分古老的娱乐活动。

有一种说法,踢毽子来源于蹴鞠。宋朝《事物纪原》一书中说,踢毽子是"蹴鞠之遗事也"。就是说,踢毽子是蹴鞠遗传下来的。

这种说法有一定道理。蹴鞠和踢毽子都是用脚踢。只不过前者踢的是球,后者踢的是鸡毛制的毽子。前者是在地上往远处踢,后者是往空中踢。

以上是关于踢毽子的文字记载，而图画记录则出自汉代出土的画像砖，上面就画有踢毽子的形象。

唐朝释道宣写的《续高僧传》书中提到，南北朝时，就有人在"天街井栏上，反踢蹀，一连五百，众人喧竞异而戏之。"这"蹀"就是古时的毽子，能反着踢五百下，可见技艺十分高超。

"攒花日夕未曾归"

唐宋之后，踢毽子游戏越来越普及了。唐朝《续高僧传》中，就提到少林寺和尚用踢毽子来练功。宋朝周密所著《武林旧事》中提到，市集上有卖毽子的。最初是用鸡毛制的，故称"毽"。由于毽子已成商品，销售量大，而鸡毛供不上，所以改用革制，故称"鞬子"。

明朝，踢毽子还被引入到杂技中。清朝阮葵生在《茶余客话》中，提到明时"京师杂技，千态万状，以踢鞬为最。"书中还提到玩法多达百十种，有"剪刀拐""佛顶珠"等。

清朝李振声写的《百戏竹枝词》中，专门有一首《踢毽儿》：

青泉万迭雉朝飞，闲蹴鸾靴趁短衣。

忘却玉弓相笑倦，攒花日夕未曾归。

诗前小序中还特别说明："缚雉毛钱眼上，数人更翻踢之，名曰'攒花'。"诗意是，人们着靴子，穿短衣，踢着毽，毽子像花儿一样飞，女孩们笑着闹着，玩到天黑忘了回家。

晚清一名外交家陈季同用外文写了一本《中国人自画像》，其中还将踢毽子列为中国人的标志活动之一。

毽儿传情

古人不仅把踢毽子当作一种玩乐，甚至用这种活动来传递情思。

清朝康熙初年，著名词人陈维崧写了一首《沁园春·戏咏闺人踢毽子》词：

向花冠尾畔，剪他翠羽。

养娘箧底，检出朱提。

裹用绡轻，制同毬转，

簸尽墙阴一线儿。

盈盈态，讶妙踰蹴鞠，巧甚弹棋。

……

忽忆春郊，回头昨日，

扶上栏杆剔鬓丝。

垂杨外，有儿郎此伎，真惹人思！

词意是闺中少女剪下鸡羽，从养娘盒子里取出朱提。朱提是古时产银之地，这里指铜钱。少女用绸子裹成毽球，在墙角玩，玩得比蹴鞠、弹棋更胜一筹。正玩着，她忽然想起昨天在郊区朱楼栏杆前，挑起头发，透过柳丝，看到少男也在玩此游戏，于是生出一片情思。

小小的毽子啊，你竟打开了少女的一方心田！

踢毽歌

踢毽子既是一种娱乐，又是一种锻炼身体的好方式，同时它又进入文化领域。踢毽歌谣的产生就是一个证明。

明朝有一首记录各种游戏的儿歌，其中有一句：

柳叶儿落，踢毽子。

意思是冬天到了，柳落叶了，这时正是踢毽子的好时候。因为天冷了，正好利用踢毽子这种玩乐来暖和身子。

后来，还有一种儿童踢毽子时吟唱的儿歌，十分有趣：

一个毽子踢八踢，马兰花开二十一；
二五六、二五七、二八二九三十一；
三五六、三五七、三八三九四十一；

四五六、四五七、四八四九五十一；

五五六、五五七、五八五九六十一；

六五六、六五七、六八六九七十一；

七五六、七五七、七八七九八十一；

八五六、八五七、八八八九九十一；

九五六、九五七、九八九九一百一。

这首童谣包括了1至9的个位数字、21至101的十位、百位数字，组合得朗朗上口，不仅增添了踢毽子这种玩乐的趣味，而且增长了儿童识别数字的能力，引发了他们对数学的热爱，多么难得啊！

二十一

二十一

五五六

八十一

捶丸

中国式高尔夫球

"步打球"

高尔夫球是一种西方球类运动，传说发源于 14 世纪的欧洲。玩法是在草地上挖洞，然后在远处用专门的球棍打击球，使球滚入坑内。

也有人认为，这种球类娱乐可能源自中国。它大约是在 13 世纪，由蒙古大军从中国带到欧洲，最后演化为高尔夫球。

那么，当时这种球叫什么呢？原来叫"步打球"。唐朝王建写的《宫词》中，有一首提到这种球：

殿前铺设两边楼，寒食宫人步打球。

一半走来齐跪拜，上棚先谢得头筹。

意思是，在寒食节，宫中人玩步打球。他们在殿前场地玩，场地两边，建有楼棚。取胜的一方，齐齐来到棚前，双膝跪地，拜见皇帝，接受奖励。

为什么说步打球类似高尔夫球呢？主要原因是玩球的方式相同，即击球方式都是用棒打，而不是用手、足去拍、踢。

捶丸图

步打球虽然击球方式同高尔夫球，但毕竟球的落点不是在草地洞内，而更接近高尔夫球的是另一种叫"捶丸"的游戏。

这种游戏是啥样呢？不仅有文字记载，还有图画印证。

明朝周履靖刻印了一部《丸经》，其跋中有两段话：

予壮游都邑间，好事者多好捶丸。

考诸传记无闻焉，以为世俗博奕之余技耳。

意思是，明朝城市里有许多捶丸爱好者。此事未入正史传记，因为官方认为它只是一种世俗小技。

关于捶丸的绘画，首先来看山西省洪洞县广胜寺水神庙壁画。

画中画的是元代时，人们在户外野地里玩捶丸的情景。地上有球窝，即球洞。击球用杖，即球棒。

故宫博物院珍藏的《明宣宗行乐图》，记录了五百年前的"宫廷运动会"，其中就有捶丸。此活动虽然是在宫中举办，但极力模仿野外，有田野小路，还有松树相隔。

你看，捶丸有球棒，场地在野外草地，地上有球洞。这基本上接近高尔夫运动了。

儿童"高尔夫"

你相信吗？早在唐宋时期，我国儿童也有类似高尔夫的娱乐活动。在唐代花毡上，织有儿童击球图案，击球杖头呈勺形。在宋代陶枕上，画有儿童击球图案，击球棒头接近三角形。尽管画中没有详细画出球的落点，但其击球方式却是"高尔夫"式的。

木射

中国古代的保龄球

关于保龄球

保龄球也是发源于西方的一项娱乐活动，起源于公元 3 世纪至 4 世纪的德国。那时，德国教堂的走廊里，放置了许多木柱，象征邪恶。教徒们把石头滚到地上，击倒木柱，这样就表示打翻了邪恶，为自己消灾赎罪了。

这项活动，后来逐渐演变为一项民间运动项目。人们在场地放置"瓶子"，用木球代替石头，用球击倒瓶子，以此为乐。

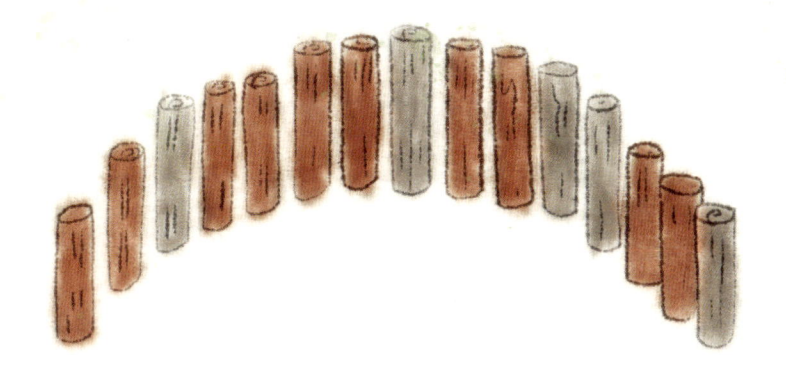

再后来，这种娱乐正规化了，并有了正式名称"Bowling"，意思是"地滚球"。

地滚球传到我国后，"Bowling"被音译成"保龄球"。由于这个译名很吉祥，保龄球规则相对简单，老少皆宜，所以慢慢流行起来。

唐朝也有地滚球

谁也想不到，地滚球这项西方娱乐活动，在中国唐朝也有"近亲"，这就是早已失传的木射。

唐朝陆秉写了一本讲木射的书《木射图》。可惜此书已经失传，幸亏宋朝晁公武追记了这种娱乐活动，写进了《郡斋读书志》中，让我们了解了这项娱乐活动。

木射也称"十五柱球戏"，是在地上放置15个木笋，也就是用木头做的笋状物。玩时,"击地球以触之",就是将球沿地面滚动,用球去击倒木笋。这木笋就相当保龄球的瓶子。

由此可知,木射不是将木球射出,而是用木球滚地去击。

木射文化

中国古代的木射,和保龄球在取胜方式上一致,即一次击倒的目的物越多越好。

但木射更进一步,目的物还有善恶之分。原来,木射中的15个木笋分两种:一种写有红字,共10个;另一种5个,写有黑字。红字分别为"仁、义、礼、智、信、温、良、恭、俭、让",全是褒义。黑字分别为"傲、慢、吝、贪、滥",全是贬义。红黑相间排列。

玩的时候,比赛者依次在场地另一端将木球从地面上滚去。击倒红笋为败,击倒黑笋为胜。这样就把木射娱乐提高到了道德文化的高度。

木射的"远亲"

在我国,还有一种类似保龄球的活动,它比木射更悠久,这就是击壤,是我国古代的一种投掷游戏。

相传击壤起源于帝尧时代。三国时期的《艺经》中,这样解释击壤:

> 壤以木为之,前广后锐,长尺四,阔三寸,其形如履。
> 将戏,先侧一壤于地,遥于三四十步,以于中壤敲之,中者为上。

原来壤是用木头做的,像履,即鞋子。玩时,先将一壤插在地上,然后在远处用另一壤去击它,击倒为胜。

清朝有首童谣,其中有句"杨柳黄,击棒壤。"意思是,秋天杨柳叶发黄时节,正好适合玩击壤。这说明,古时儿童也喜欢这种活动。

打水漂

战场上的奇门兵刃

水上漂瓦

打水漂是一种极其古老的玩水游戏。打法是找一块瓦片,最好有点凹,凸面朝下,使劲以近乎平行的方向,向水面抛出去。这时,瓦片会像一只跳蛙,一跳一跳前进,最后沉入水底。打水漂要选在平静宽阔的水面进行,不可有激流和水草。瓦片不能太厚太大,越光滑越好。

为什么瓦片很重而不会马上沉下水?这是利用了水的表面张力

和浮力。又由于用力抛甩，得到加速度，所以会击起一片片浪花。既好玩，又好看。

警示之句

有趣的是,后来"打水漂"这个词竟变成了警示语。它多半用在投资失败上。比如有人盲目入股,结果股票大跌,于是就会说"这钱打水漂了"。意思是投进去的钱,像打水漂的瓦片一样,一路有去无回,最后沉没了。

现在不提倡在鱼塘、水库等处玩打水漂游戏了,因为这样不利于生态保护和水库安全。

轰炸法西斯大坝

第二次世界大战期间,为了打败德国法西斯,同盟国决定轰炸德国鲁尔附近的水库。这水库是德国水力发电的基地,周边有许多煤油厂和煤矿,炸毁了水库就等于炸掉了德国法西斯的能源命脉。

可是,要炸毁这个水库谈何容易。首先,它警卫森严。如果在近处投弹,会受到德国防空设施的威胁。如果从远处攻击,则火力不够,损害不到大坝。

正在为难之时,英国科学家巴恩斯·沃利斯想出一个办法,其思路就是"打水漂"。

巴恩斯·沃利斯设计了一种深水炸弹。这种炸弹形似油桶。他在空投炸弹的飞机上安装了特殊装置,让炸弹空投时以每分钟500次的速度自转,使它能在水面上跳跃前进;他还给炸弹安装了水压引信,使它在水压达到一定强度时才会爆炸。使用时,先是将炸弹像打水漂那样,远远地投到水面。炸弹就像瓦片那样,浮在水面滑向前方。等滑到大坝旁,它就会很快沉到大坝底下。等水压达到一定强度,炸弹爆炸,炸开大坝,水库被彻底破坏。

这从游戏中得到启发,从而创造发明出新事物解决困难的思路值得我们学习。

拔河

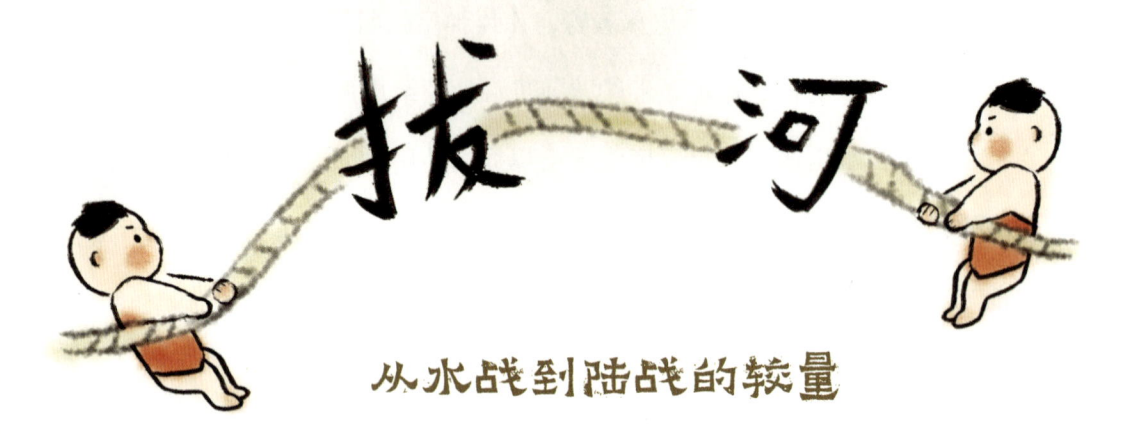

从水战到陆战的较量

"舟战之器"

拔河是一种传统的体育游戏。有人会问，拔河是在陆地进行的，为什么叫"拔河"呢？

原来，这与古代水军之战有关。据春秋战国时的古书《墨子·鲁问》记载，当时越人与楚人用船舟在江上作战。楚军进攻是顺流，很得力；而如果战况不利，想要撤退却是逆流，不得劲。越国人逆流而进，顺流而退，见有利就进攻，见不利就顺利退却。越国人凭着这种有利的水势，屡次打败楚国人。巧匠鲁班游历到楚国，为了帮助楚军，发明了一种叫"钩强"的"舟战之器"。敌军败退时，"钩强"可以钩住对方船舟，使其不能逃脱；敌船行进时，又可用"钩强"顶住对方船舟，使其无法靠近。

这种"钩强"，又叫"牵钩"，可钩住对方，以退为进。现在拔河改在陆地进行，绳子代表"钩强"，中间设一条分界线，就是来源于当年的水战。

从军事到民俗

拔河从训练军士的方法逐渐演变成一种游戏，后变成一种广泛流行的民俗活动。

《隋书·地理志》提到，"牵钩"最早是为配合水战的一种军事训练项目。后来，这种训练项目流传到民间。《荆楚岁时记》中说，

当时人们以篾作缆绳，代表"施钩之战"。这就接近今天的拔河运动了。游戏时，还有鼓乐相助，声音传到数里之外。人们用这种方式来庆丰收和压邪。

唐朝以来，拔河普及各地，拔河方式也有了改进。据唐时封演写的《封氏闻见记》记载，拔河绳由竹索改为麻绳，长四、五十丈，绳上还系有数百条小绳，中间挂大旗为界，两边共有千人拉。可见场面十分热闹。

宫廷的"笑乐"

也是在唐朝，拔河游戏被引入到宫廷。不仅文武百官参与活动，拔河也引起了外国使官的兴趣。

唐时《景龙文馆记》记载，在景龙四年，清明时节，唐中宗李显命侍臣拔河，一方为宰相和驸马，另一方为将帅武官。竞赛中，一些老年官员和少年军士力不从心，跌倒在地，引起全场大笑。

唐时常有外国使者入长安，参见大唐皇帝。为显大唐雄风，皇帝就在宫廷举办大型拔河表演。为此，唐玄宗还写过一首《观拔河俗戏》诗，其中有句：

壮徒恒贾勇，拔拒抵长河。

欲练英雄志，须明胜负多。

诗中把拔河者，称作壮士和勇士，是练就英雄气概的方式。据说有一次某外国使官在看完拔河比赛后说："君雄若此，臣国其亡。"意思是，唐国如此强大，臣国若与其作战，必亡也。

由此可见，拔河也是一项扬国威的游戏！

投壶

发源于射箭的游戏

古射礼的变通

射箭原本是一种古老的军事项目,后来演变成一种礼仪。射是古代六艺之一,也是中华传统礼仪文化的重要形式之一,是古代宴席上的重要活动。

明朝汪禔写的《投壶仪节》中说:"投壶,射礼之细也,燕而射,乐宾也。庭除之间,或不能弧矢之张也,故易之以投壶。"燕即宴,意思是,在宴会上射箭,让客人快乐,但毕竟地方太小,不能射箭,

于是改为投壶。

投壶是在室内立一酒壶，然后在不远处，用箭投入壶内，历朝历代的人们不断改进投壶游戏，也制定了许多规则。比如，人们在壶内装入一些小豆，以便箭能稳定插入；不只以是否投中为唯一胜负标准，还要根据箭入壶内的状态评判胜负。

雅歌投壶

从春秋战国到明清，投壶游戏一直十分活跃，其娱乐性逐渐增强。

秦汉之后，投壶盛行。在上层人士中，逢饮必投，还有音乐助兴，称之"雅歌投壶"。宫廷中特别养了一批俳优伶人，即歌舞演员，配合投壶，以娱悦君王。

任何一项游戏，沉迷其中，往往容易被引入歧途。南齐竟陵王萧子良，夜宴时"投壶枭不绝"，即不断投壶，以至误了早朝，影响国事。

投壶的演变

宋朝司马光对投壶有悖于古礼而日渐娱乐化的趋势颇为不满，他便著述《投壶新格》，根据古礼对投壶做全面总结，他在《投壶新格》中说：

> 夫投壶细事，游戏之类，而圣人取之以为礼……投壶可以治心，可以修身，可以为国，可以观人。

司马光认为，正当的投壶活动，于心、于身、于国、于人，都有益无害。他主张把投壶中一些含有技巧的花样动作删掉，使投壶成为"纳民心于中正"的活动。

到了明代，社会名流似乎并不认同司马光等人的主张，此时投壶技巧发展繁荣。在许多名著中，都有关于投壶的描述。《金瓶梅》中，有众姐妹在"院子里投壶玩耍"的情景。《镜花缘》中写了一个投壶高手，有各种近乎杂技的投壶绝技。

而今投壶已近消失,已经进博物馆了。倒是由它演变的另一种游戏——套圈,在民间流行开来了。当你玩套圈时,是否会想起古老的投壶活动,并了解其悠久的文化呢?

影子戏

"全凭十指逞诙谐"

弄手影

影子戏是从生活中发现和发展而来的。最简单的影子戏就是弄手影。

弄手影是我国一项民间儿童游戏。以手向光取影,通过种种手势的变化,创造出各种物的影子。不论在阳光、月光下,还是在灯光下,物体都会留下影子。弄手影也许来自人们的偶然发现——可以用十指弄出奇形怪状的影子。

手影戏历史悠久。宋朝时，就有了专门表演手影戏的艺人。南宋临安瓦市的"杂手艺"中，就把手影作为一种手艺游戏，和投壶并列。南宋洪迈著的《夷坚志》中记载了一首关于手影戏的诗：

　　三尺生绡作戏台，全凭十指逞诙谐。

　　有时明月灯窗下，一笑还从掌握来。

这种手影戏的戏台上拉有生绡做的幕布，借着明月和灯光，用十指来演戏。

后来，手影发展到用身体弄影，更加惟妙惟肖了。

影子戏

弄手影后来发展成一种正规的戏剧，表演者用灯光照射兽皮或纸板做成的人物，用剪影表现故事。

《汉书》记载，汉武帝夫人死后，武帝思念不已。于是有方士说，能召回其夫人的神貌。方法是在夜里张灯烛，设帐帷。汉武帝隔着帐帷，看到一个影子，其形态和动作恰如夫人，就像看到了夫人一样。

方士是如何做到的呢？东晋王嘉在《拾遗记》中说，方士用一种"潜英之石"，命工人依图刻成夫人形，再投影到帐帷上。这则传说故事多被认为是影子戏的起源。

到宋朝，有了供人们娱乐的影子戏。宋朝高承在《事物纪原》中说："仁宗时，市人有能谈三国事者，或采其说，加缘饰作影人，始为魏蜀吴三分战争之像。"就是用影子演三国之戏。这种影戏由于有故事情节，所以大人、小孩都爱看。

皮影

汉朝那个影子戏，用的是"潜英之石"，可能是一种非常薄的石片，后来多改用硬纸。但是纸影有个缺点,只能照出单色的人物剪影来,比较单调。

后来,有人改用兽皮(多用驴皮或牛、羊皮)代替纸。就是将兽皮加工制成薄片,涂上桐油,再用这种皮雕成人形,涂上颜色。这样,照出的影子就有了色彩,更加吸引人。

更进一步的改进是将人物的头部和四肢加上关节,并可以用棍子操纵而活动。这样,影子就"活"起来了。

现在,皮影戏已经成为一种非物质文化遗产,得到发扬光大。

转糖得彩

转盘上面试大运

卖糖者的花招

在许多庙会上，有一种促销游戏。这种游戏俗称"转糖得彩"，原本是为了卖糖果。

早在宋朝，就有了这种推销游戏。南宋笔记小说《因话录》中就提到：

> 都下卖糖者，作一圆盘，可三尺许。其上画禽、鱼、器物之状数百枚。长不过半寸，阔如小指，甚小者只如豆

许……以针作箭，而别以五色之羽。旋其盘，买者投一钱，取箭射之，中者得糖。

意思是，卖糖者在一个转盘上，画许多大大小小的动物。买者花钱买箭去射转盘，如果射中上面画的动物，就可以得糖。

这种促销方式，卖糖者是不会吃亏的。因为转盘转得快，上面画的动物分布在其中很小区域内，所以射中的机会十分小。

"我的生意不开口"

用转盘卖糖的促销方式，代代相传。到了清朝，转盘形状有些变化。

清朝出版的《旧都三百六十行》书中，直接把这种改良的方式叫"转糖得彩"。开头是这样写的：

> 小贩的一副挑子，前面用木头钉个大方盘，后边是个箩筐。大方盘中间画个大圆圈，圆圈中心钉立一个支柱，上面用钉子穿上一根秫秸横杆，可以转动。横杆一头坠上一小块砖头；另一头穿上一根红绳，下垂一根大针。再从圆中心画出放射线若干条，在每条线的末端放上一两块糖，或是玩具。

以上是写这种游戏方式的用具。下面写的是玩法：

> 一分钱转一次，或者二分钱转三次。那根大针如果恰恰落在那条指着大彩（玩具）的道上，孩子们拿走玩具，小贩就算赔了。但是，和一般赌博一样，十次未必能中一次，其余十分之九条是转在一些指向糖块的一道上。若指在空白档子上，那就连一块糖也得不着，等于白送钱给小贩。

这里把卖糖者不会赔钱，买糖者往往失望的原因，说得清清楚楚。那是因为放玩具的道道很窄，放糖块的道道稍宽点，而空白的档子十分宽。因此，得玩具的概率极小，而空白的概率极大。说得更明白点，这就和赌博一样。

清代嵩山道人画了一幅"转糖得彩"木板画。把这种卖糖游戏画得清清楚楚。画中还有小诗一首：

> 我的生意不开口，主客走来自动手。
>
> 针头转在条子上，包你吃个糖绣球。

这种不开口的促销方式真是卖者扬扬得意，买者吃哑吧亏。正应了"卖者总比买者精"这句话，因为，从数学上分析，圆上得彩的扇形面积远远小于空白的扇形面积，得彩的概率（即可能性）极小。

西方赌城里有一种赌博方式，就是圆盘赌。它的赌法就和"转糖得彩"一样。所以，我们在节日里玩玩"试试运气"可以，但决不可以用此方式赌博！

经典儿童集体游戏

快乐尽在童心中

捉迷藏

捉迷藏俗称"藏猫猫",因为"躲"俗称"猫"。一个人躲,其他人寻,这就是捉迷藏游戏的玩法。

捉迷藏游戏历史很悠久。据说唐明皇和杨贵妃就"在方丈之间,互相捉戏",即玩捉迷藏。

唐朝元稹还作诗咏这种游戏:

寒轻夜浅绕回廊,不辨花丛暗辨香。

忆得双方胧月下，小楼前后捉迷藏。

原来，在月夜、在花丛中，最适合捉迷藏。

有人认为，"司马光砸缸"的故事就源于儿童捉迷藏游戏。玩耍时有个小孩准备藏在水缸里，结果一不小心掉进缸里。司马光急中生智，砸缸救出小朋友。由此可见，藏猫猫游戏还能体现小小少年的机智哩。

老鹰捉小鸡

老鹰捉小鸡是一种集体游戏。历史也很悠久，清代年画和民俗画中，都有描绘。

游戏的玩法是：一人当母鸡，带领一队人当小鸡。每只小鸡都牵着前面人的衣襟。队伍前面有一个人当老鹰，要吃小鸡。母鸡千方百计阻挡老鹰，小鸡小心翼翼躲开老鹰。

谁胜谁负，就看谁更勇猛、谁更灵活了。

丢手绢

丢手绢游戏和老鹰捉小鸡游戏一样,也出现在明清民俗画中,都是古老的儿童游戏。

这个游戏是大家围成一圈,面向中心而坐,一起唱《丢手绢》歌谣。由一儿童手持手绢,小心放到某个儿童背后,然后装着没事一样,绕圈跑。被丢手绢的儿童如果发现了手绢,就要迅速站起来,捡起手绢,追赶丢手绢的儿童。丢手绢的儿童要尽快跑回被丢手绢儿童的位置坐下,如果成功坐下,则被丢手绢的儿童成为新的丢手绢的人。

这个游戏可以考察儿童的观察力和反应能力。

盲人摸象

盲人摸象游戏是一句成语的娱乐化表达。这个成语讲的是一个盲人去摸象,他只摸到象的局部,而得出错误的结论。比如,摸到象腿,说象是柱子等。说明他看不到全部,只看到局部。

明朝沈榜在《宛署杂记·民风》中,讲到类似的游戏。有两个小儿都蒙上眼。一人手拿木鱼在敲。另一个听声音去摸，摸到为胜。这就是古老的"盲人摸鱼"游戏。

盲人摸象和盲人摸鱼游戏方式相似，只是将象改成"鱼"。摸鱼是靠声音引导去摸，摸象是去摸大象的身体。而真实的摸象游戏，则是用人化装成"象"，去"摸人"，识别人体。

这个游戏告诫人要有大局观，不要有局限性。

击鼓传花

击鼓传花游戏古时叫"羯鼓传花"，因为唐朝时鼓是羯族的乐器。击鼓原本只是为奏乐助兴，后来演化成游戏。

名著《红楼梦》详细讲了这个游戏内容：在酒席上让艺人击鼓，然后让大家传递梅花。鼓停时，梅花在谁手中，谁就挨罚。

这个游戏后来传到民间，被用到很多娱乐场合。传递的不一定是花，可以在现场任取一物来传。这个游戏不仅带来欢乐，也可表现一个人的反应能力。

智慧尽在嘴皮上

口头游戏

猜谜为什么叫"打虎"?

划拳有窍门吗?

抢数游戏有什么秘诀?

猜谜

人说猜谜似射虎

隐语

猜谜是一种有趣的智力游戏。谜语是从何而来的呢?有一种说法,谜语是从"隐语"发展而来的。所谓"隐语"就是说人们在说话时,不是明明白白地说,而是转弯抹角地说。

这种隐语大约商朝就有。商代民歌《女承筐》讲男女二人剪羊毛,不直说剪羊毛,而是说:"女承筐,无实。士刲羊,无血。"即是说,女子筐中啥羊肉也没有,男士对羊动了刀但不见血,只是剪了羊毛而已。

春秋时荀子作的《蚕赋》不说蚕,而是说"冬伏而夏游,食桑而吐丝。"这里即隐说蚕。

直到魏代,人们才将"隐语"改称"谜语"。《文心雕龙·谐讔》上说:"自魏代以来……君子嘲隐,化为谜语。"

灯谜

到了宋朝,有人在元宵节的彩灯上,书写谜语,于是有了灯谜。

宋朝周密在《武林旧事》中说:有人"以绢灯翦写诗词,时寓讥笑,及画人物,藏头隐语,及旧京诨语,戏弄行人。"就是在灯上写上"隐语"等诗画,来让行人高兴。南宋时,甚至还出现了以猜谜为特征的"说唱"伎艺——商谜。表演者有问有答,反复斗智,滑稽风趣。

清代有首《竹枝词·打灯虎》:

几处高灯挂粉墙,人人痴立暗思量。

秀才风味真堪笑,赠彩无非纸半张。

这首词形象地描绘了猜灯谜活动的吸引力和猜谜者的众生相。

由于灯谜很难猜,难得像"射虎",所以就有人将灯谜说成"灯虎",将猜灯谜说成"射虎"。

谜格

到明代,灯谜的形式进一步发展,出现了谜格。就是除了谜面、谜底外,还有各种猜谜的格式,即猜谜的规则与方法。

一般谜语,多是"会意格",即根据谜面的内容,直接猜谜底。比如,谜面是"高楼入口",打一个城市名。"高楼"可会意成"大厦","入口"可会意成"大门"。于是,谜底为"厦门"。

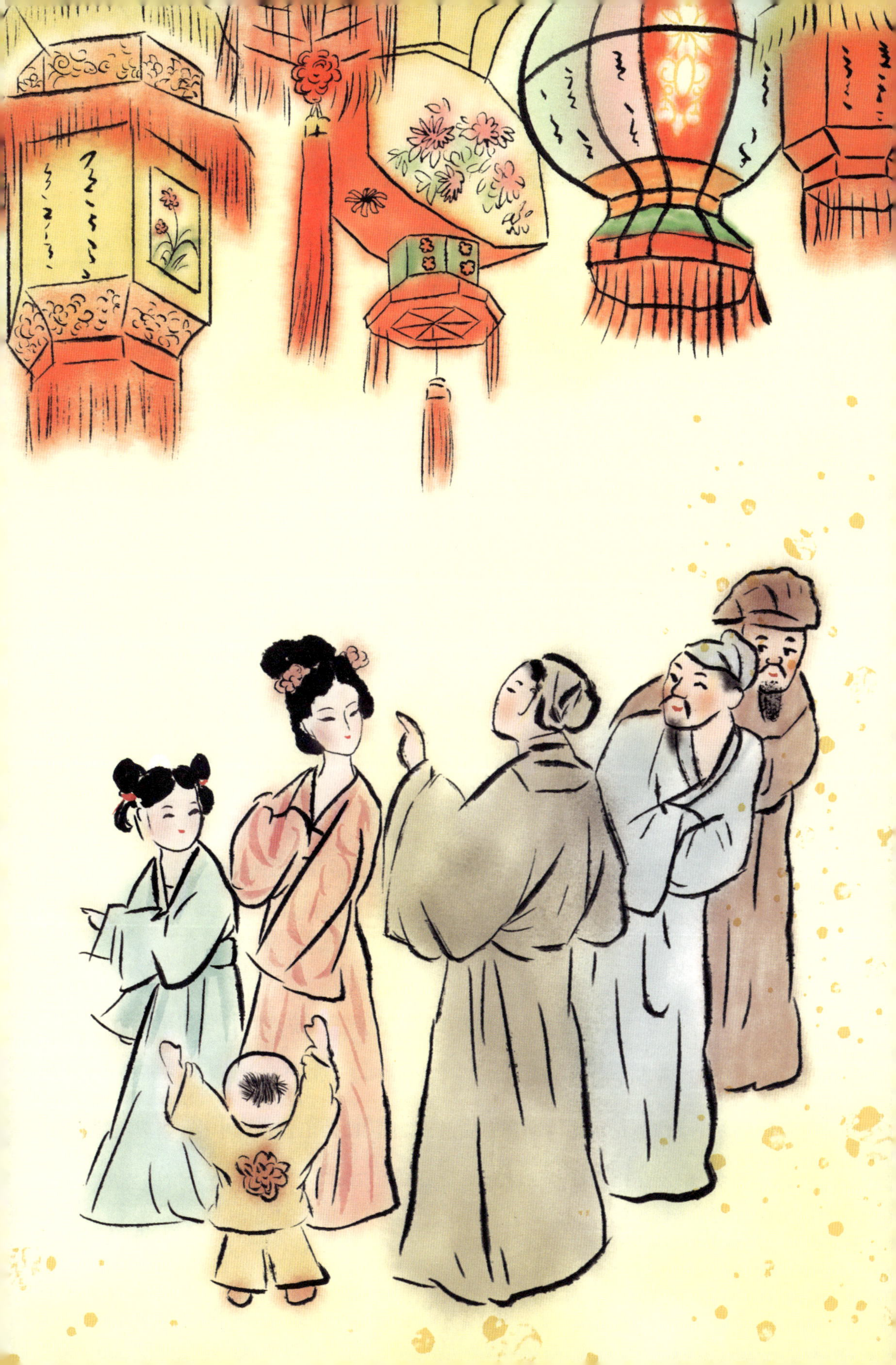

另外一些谜语,提示按照某种格式猜谜。比如,谜面是"又进村来",打一个字,谜格是"拆字格"。意思就是要把谜底拆开,才符合谜面的要求。原来,谜底是"树"。因为把"树"拆开,就是"又"和"村",正好"又"在"村中"。

再如,谜面是"红娘之功",打一种蔬菜,标明是"谐声格"。这个谜格的规定是,谜底不直接和谜面相关,但谜底的谐音却切合谜面。原来,谜底是"莲藕"。因为"莲藕"的谐音是"连偶",即把男女二人连成佳偶。而这正是红娘的功劳,红娘就是为男女牵线的呀。

还有一种"卷帘格"的谜语,谜底要倒过来念,才合谜面的意思。这就像卷帘子一样,要把帘子倒过来卷。比如,谜面"今天",打一个国家名。谜底是"日本"。因为"日本"倒过来为"本日"。而"本日"就是"今天"。

猜谜游戏有多种方式,不只有纯文字游戏,还有画谜、印章谜、象棋谜、对联谜、数字谜、动作谜、歌曲谜等。

比如,有个"数字谜"加"对联谜",谜面是:上、下联为"二三四五""六七八九",横批是"南北"。谜底是一句俗语:"缺一(衣)少十(食)无东西"。这里还用上了"谐声格"。

动作谜是用人体动作来做谜面。比如,伸出食指和中指,组成"V"形。用这动作作谜面,谜底为"胜利"。因为"V"是英文"victory"

（胜利）的首字母。

关于画谜，还有一个故事呢。明太祖朱元璋元宵观灯时，看到一只灯笼上画了一个妇人，怀抱西瓜。他一看大怒，因为他的夫人是淮西人，他本人当过和尚。这分明是在嘲弄他和皇后呀。原来，画中"怀抱西瓜"就是"淮西抱着光头和尚"的隐语。这个画谜竟为制谜者招来杀身之祸，最后，明太祖命刑官把制谜者用廷杖打死，多么残忍呀！

打麦

儿童拍手游戏

"打麦"是什么意思

有一种简单的游戏，就是二人相向，双手对击，边打边说。这就是今天常见的"拍手"游戏。这种游戏古时叫"打麦"。

为什么叫"打麦"？宋代高承在《事物纪原》卷九《博弈嬉戏》中说："今俗儿童有打麦，鼓掌作打麦声，后必三拍之，抑缘此也。"

原来，这是一种博弈游戏，二人拍手，听起来很像农村打麦子的声音。一般最少要拍三下。

"舞了也"

打麦游戏十分古老，早在唐朝时就十分流行。有一首童谣《打麦歌》，记载一件著名的史实。

这首《打麦歌》内容是：

> 打麦，麦打。
> 三三三，舞了也。

这"三三三，舞了也"是什么意思呢？原来，它出自《新唐书·五行志》，其中说这是："元和初童谣，既毕乃转身，曰'舞了也'。"

事出唐元和初年，宰相武元衡在六月三日被盗贼暗杀。"三三三"即指六月三日。人死有"旋袖"之说，如舞者跳舞甩袖而去。"舞了也"就是指武元衡死了。

新拍手歌

打麦游戏既动手,又动口,很有趣,一直流传到今天。

今天,上了年纪的人还记得"打麦"一词,但更多的人称这种游戏为"拍手歌"或"打花巴掌"。

如今的拍手游戏形式、内容都有了更新,更符合时代潮流了。

形式上不再只有掌心对拍,还有掌背对拍,掌心掌背交替拍,左手右手交叉拍等。拍的节拍也可以随内容变换,十分有趣。

比如下面一首新拍手歌,唱头两句拍一下,唱中间两句拍两下,唱后面四句分别各拍三下、四下:

你拍一,我拍一,
天天向上,好好学习。
你拍二,我拍二,
绿化祖国,多多种树。
你拍三,我拍三,
保卫国家把军参。
你拍四,我拍四,
长大好为人民服务。

拍手游戏既然是"博弈嬉戏",拍手的双方既是朋友,也是对手,所以还要决个胜负,即一方唱词接不上,就算输。双方唱不休,就是平局,皆大欢喜。

算 24 点

洋为中用震海外

风靡美国的数学游戏

20世纪80年代末,美国中小学生掀起了一种玩"24点"的数学游戏热潮。后来,这种游戏还一度发展成了全美学生的数学比赛。

当时的美国教育部部长拉马尔·亚历山大感叹:"这种游戏寓教于乐……十分方便,确实是一种提高学生数学成绩的法宝。"

谁会想到,这种游戏竟来自中国。最初是一种扑克游戏。扑克这种游戏牌起源于西方,后传入中国。中国人将这种牌类玩具洋为中用，创造了许多中国式玩法。"24点"就是其中之一，它在中国20世纪50年代就广泛流行。

20世纪80年代，中国人孙士杰到美国定居，他先是和邻居华人子弟玩"24点"。后来，"24点"又传到美国学校和学生中，成为当地学生喜爱的一种扑克数学游戏。

何谓"24点"

为什么把这种游戏叫作"24点"呢？

原来，它的目的就是将4张牌上的数，通过各种数学运算，使其结果为24。

玩时，去掉扑克牌中的大、小王和J、Q、K这5种牌。A为1，2至10为数字2至10。每次取4张，算成24即为成功。

比如（1+1+1）×8＝24、7×（9－7）+10＝24……

通过分析，任选4个10(包括10)以内的数(数字可以重复出现)，组合方式共有715种。其中：

1、1、1、1 到 1、10、10、10 共220种，

2、2、2、2 到 2、10、10、10 共165种，

3、3、3、3 到 3、10、10、10 共120种，

4、4、4、4 到 4、10、10、10 共 84 种，

5、5、5、5 到 5、10、10、10 共 56 种……

这 715 种组合都能通过数学运算得到 24 吗？这要看选择什么样的运算形式。

有数学家认为，如果只通过加减乘除，并使用括号进行运算，能得 24 的共有 500 多种。比如 6÷(1-3÷4)、6÷(5÷4-1)……还有一百多种组合算不出来。

努力攀登

对于一般中小学生来说，能用算术运算算出 500 多种，已经不错了。为了扩大战果，可以增加开平方根符号，这样又可以解决 70 多种数字组合。比如 $(1+5)\times(1+\sqrt{9})$、$(1+7)\times\sqrt{1+8}$……

再增加指数运算符号，又增加 9 种可解。比如 $5^2-(5\div5)$、$(1+1)^3\times3$……

如果再增加阶乘符号（！），又有 61 种可解了。阶乘就是降阶相乘。比如 4！$=4\times3\times2\times1$ 等。增加阶乘解例有 (1+1+1+1)！、1×4！+1-1 等。

到此只剩下几种组合待解了。按理说，努力到此，已经不错了。

有趣的是，天津商业大学教授吴振奎穷追猛打，指出，若引进对数、小数点、循环节等高等运算符号，所有情况一一都可以解。这给玩 24 点游戏又打开了一个新天地！

$(1+5) \times (1+\sqrt{9})$

$(1+7) \times \sqrt{1+8}$

划拳

手指间的"战争"

酒席上的游戏

划拳又叫"猜拳""拇战"。这是因为划拳要用手指。手指有时代表数字,有时代表某个事物等,边划拳边猜。

划拳的历史很悠久,往往在酒席上进行。五代时的史书中就有"酒酣为手势令"的记载。明朝时还有人编了《拇战谱》。

小说《红楼梦》多处提到划拳,如第六十二回就有"大家该对点的对点,划拳的划拳"描述。

清朝俞敦培在《酒令丛钞》中收录了许多拇战令。其中"五毒令"将五指分别代表蝎子、蛇、蜈蚣、壁虎、蟾蜍五毒。一物降一物，二人各出一指，看谁胜。这就像我们常玩的"石头、剪子、布"游戏一样。

取胜有窍门

有一种"内拳令",以指代数字。二人各出一数,边喊数边出指头。谁喊的数正好是二人手指数之和,谁就胜。比如一人出一指,一人出五指,喊六者为胜。

你以为其中没有规律,双方取胜机会相同吗?不。仔细分析,还是有窍门的。

二人手指组合,共有 6×6 = 36 种形式:

甲:0、0、0、0、0、0,乙:0、1、2、3、4、5,和:0、1、2、3、4、5

甲:1、1、1、1、1、1,乙:0、1、2、3、4、5,和:1、2、3、4、5、6

甲:2、2、2、2、2、2,乙:0、1、2、3、4、5,和:2、3、4、5、6、7

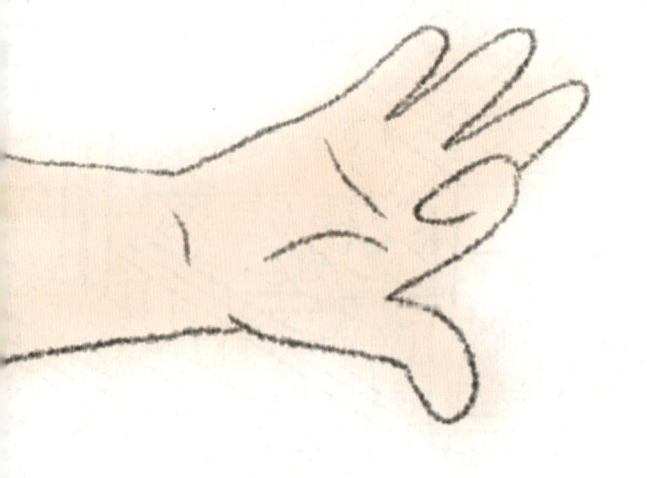

甲：3、3、3、3、3、3，乙：0、1、2、3、4、5，和：3、4、5、6、7、8

甲：4、4、4、4、4、4，乙：0、1、2、3、4、5，和：4、5、6、7、8、9

甲：5、5、5、5、5、5，乙：0、1、2、3、4、5，和：5、6、7、8、9、10

在这36种组合形式中，和为0、10各1种、和为1、9各2种，和为2、8各3种，和为3、7各4种，和为4、6各5种，和为5共6种。由此可见，喊5胜的机会最多。

别小看划拳游戏，因为在这种游戏的基础上产生了一种科学，叫博弈学。划拳虽然有趣，又含有科学道理，但以前的人往往用它来酗酒、赌博。少年朋友要关注身边的人，请他们适量饮酒，远离赌博。

挤三十

旧时民俗"穷开心"

著名乡土作家赵树理在农村旧话《挤三十》中说：

> 我的故乡，有一种简单的数学游戏，名曰'挤三十'，其玩法是两个人接替着数一个月的日数，每人每次只许说一个或两个，不许说两个以上——例如甲说'初一初二'，乙可以接着说'初三'或'初三初四'——轮到谁说'三十'，谁便算输了。

这个游戏来源于民俗。在旧社会，农历的最后一天——腊月三十，是债主讨债的日子。穷人到了年关，就得想法躲过这个日子，以便过一个安稳年。

这个游戏有很多变种，比如，可以用取石头子来代替说话。先在地上放30个石子，然后两人轮流取子，规则是一次只许取一个或两个。谁取到最后一个子谁就输了。

这类问题已成了数学中的一个专门问题，这里只介绍一种解法——倒推法。倒推法就是"倒过来想"。因为要不说30，那他必须先说29，这样对方就只能说30了。再倒过来想，要保证说29，就必须先说26，这样不管对方说27或27、28，自己就都能说到29。依此类推，要先说到26，就又得先抢到23、20、17、14、11、8、5、2。也就是先必须说2，然后依规律抢到5……26，最后一定取胜。

这个游戏又叫"让梨游戏"，这是取自古人孔融让梨的故事。

绕口令

嘴巴里的"弯弯绕"

绕口令是一种令人发笑的语言游戏,它现在广泛应用到相声和播音练习中。有时孩子也常常练着玩。比如这首:

妈妈骑马,马慢妈妈骂马。

舅舅搬鸠,鸠飞舅舅揪鸠。

妞妞赶牛,牛拧妞妞扭牛。

这里将声母、韵母或声调十分容易相混的词,反复重叠,组成拗口又可笑的句子。说着难,听着有趣。

绕口令这种口头游戏起源很早。

唐朝《玉泉子》中讲了一个笑话:唐朝进士参见宰相,由状元负责导引。但状元丁稜（léng）口吃，本想说："稜等登科"，结果"科"字说不出来，连说了几个"稜等登、稜等登"。后来，就有人笑他，说他"筝"弹得不错。实际上笑他说"稜等登"像绕口令，说得好可笑。

儿童玩绕口令，有益语言练习。有一首很适合儿童的绕口令，不仅通俗易懂，而且朗朗上口：

  一个胖娃娃，

  捉了三个大花活蛤蟆。

  三个胖娃娃，

  捉了一个大花活蛤蟆。

  捉了一个大花活蛤蟆的三个胖娃娃，

  不如捉了三个大花活蛤蟆的一个胖娃娃。

妙笔生花显文采

文字游戏

古画里的梅花为什么有九片花瓣?

古人也爱玩桌游?

841字的《璇玑图》竟然暗藏百余首诗?

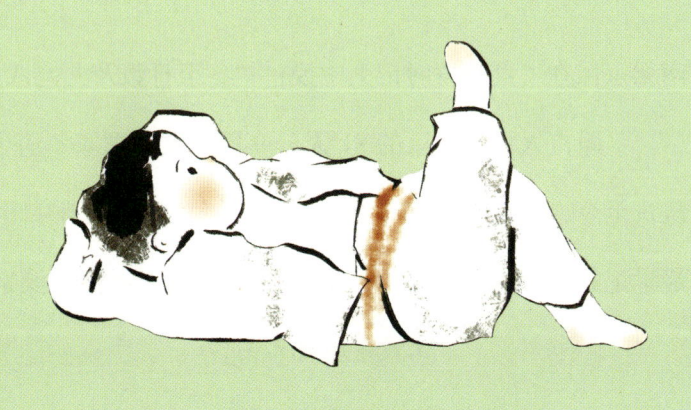

九九消寒图

寒冬里寻"乐子"

梅花变杏花

南梁宗懔在《荆楚岁时记》中说:"冬至日数及九九八十一日,为寒尽。"即古人将冬至后的81天分9段,数完则寒冬消尽。

从古至今,流传着许多"九九消寒歌"和"九九消寒图"。

最早记载"九九消寒图"文图的是元代诗人杨允孚《滦京杂咏》:

> 试数窗间九九图,
>
> 余寒消尽暖回初。

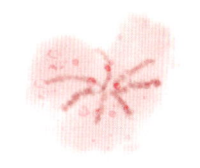

梅花点遍无馀白，

看到今朝是杏株。

作者在诗后还特别说："冬至后，贴梅花一枝于窗间，佳人晓妆，日以胭脂图一圈，八十一圈既足，变作杏花，即暖回矣。"原来，是在窗上画 81 朵梅花，用胭脂一日涂一朵。全涂完变成杏花，就到暖春了。

各种版本的消寒图

到了清代,道光皇帝设计了一种九字消寒图。这9字是"亭前垂柳珍重待春風"。这9个繁体字每个字都是9笔,每天填写1笔,填完9字,九九寒天就过完了。也有人说,有首宫词也记载了这种消寒图:

亭前垂柳待春风,珍重亲涂一画红。

九九图成春已至,宸居真可亮天工。

后来,九九消寒图还有"天气版",就是在9个格内各画9个圆圈,每个圈又画成阴阳太极图案。该天天晴时画白色,阴天画黑色。更复杂的还在太极图上点阴、下点晴、左点风、右点雨、中点雪。变成十足的气象图。

至于九九歌,也有各种各样的版本。比如中国第一历史档案馆藏有清宫"九九消寒诗",竟有36句:

头九初寒才是冬,三皇治世万物生。

尧汤舜禹传桀事,武王伐纣列国分。

二九朔风冷难当,临潼斗宝各逞强。

王翦一怒平六国,一统江山秦始皇。

三九纷纷降雪霜,斩蛇起义汉刘邦。

霸王刀举千斤鼎,弃职归山张子房。

四九滴水冻成冰，青梅煮酒论英雄。

孙权独占江南地，鼎足三分属晋公。

五九迎春地气通，红拂私奔出深宫。

英雄奇遇张忠俭，李渊出现太原城。

六九春分天渐长，咬金聚会在瓦岗。

茂公又把江山定，秦琼敬德保唐王。

七九南来雁北飞，探母回令是彦辉。

黉夜母子得相会，相会不该转回归。

八九河开绿水流，洪武永乐南北游。

伯温辞朝归山去，崇祯无福天下丢。

九九八十一日完，闯王造反到顺天。

三桂令兵南下去，我国大清坐金銮。

诗中既讲了天气，又讲了历史，确实是一篇文史大文章，又是一种天气大游戏。

而民间的"九九歌"则通俗得多：

一九二九，不出手。

三九四九，冰上走。

五九六九，沿河看柳。

七九河开，八九雁来。

九九数尽，春暖花开。

升官图

步步高升在"纸上"

升官图本是一种文图游戏,最早叫"骰子选格"。就是在纸上画上螺旋形的格子,每一格画一官,一官比一官大。然后用掷骰子的方式来走格子,骰子显几点,走几格,到达最后一格为胜。

这种游戏最早出现在唐朝。唐朝房千里写的《骰子选格》里,官阶由县尉一直升到侍中,有60多种官。

到了宋朝,内容有了改进,从选官改选"仙"和选"胜"。就是把官改为神仙和人物,或改为仙境和胜地。

清朝徐珂在《清稗类钞》书中说,宫中"取《列仙传》人物,绘《群仙庆寿图》,用骰子掷之,以为新年玩具。"

从清朝开始，"升官图"开始平民化，不只选官和选仙了，开始选"十二生肖图"或"日用杂品"了。这就比较适合儿童玩乐了。

新中国成立后，"升官图"起了质的变化，内容改"升官"为"争上游""攀高峰"了。

回文

乐趣原在颠倒间

文字回文

回文，既是一种文字游戏，也是一种数学游戏。

什么是回文？先举个例子。清朝《道咸以来朝野杂记》中，讲了一个乾隆皇帝出题考众臣的故事。

北京有家饭店"天然居"开张，乾隆皇帝拟了个对联庆贺。上联是："客上天然居，居然天上客。"求下联。众臣中有个才子纪晓岚对出下联："人过大佛寺，寺佛大过人。"

这上下联中的句子是颠倒句，顺念、反念都一样，这就是回文。

据说，回文起源于晋代，《晋书》中记录了一个故事。秦州刺史窦滔夫人苏蕙善文辞。后来，窦滔调镇襄阳，苏蕙思君心切，用锦织了一幅回文图，名曰《璇玑图》。图中共织了八百多字，可以读出二百多首回文诗。这里仅举其中一首为例：

诗情明显，怨义兴理；

辞丽作比，端无终始。

这首诗倒过来，成为另一首诗：

始终无端，比作丽辞；

理兴义怨，显明情诗。

作回文诗，不但要有文学功底，还需要开动脑筋。其实，在我们生活中，也会遇到许多回文。比如"大哥大""案中案"等。还有"我爱妈妈"也可倒念成"妈妈爱我"等。

数字回文

回文可以用文字表达，也可以用数字表达。比如 2002 这个年份，就是"回文数"，它顺念倒念都一样。

大家可以算一下：从公元 1 年到公元 2000 年这两千年间，共有多少个回文数年？先从一位数年份算起，从1年到9年，共9个；二位数年，从11到99，共9个；三位数年，从101到191年，202到292年……直到909到999年，共90个。四位数年，从1001到1991年，共10个。总计118个回文数年。

21世纪第一个回文数年是2002年。你可知道，21世纪将有多少个回文数年呢？作为游戏，你可以试试算一算。

关于回文数，有一个类似哥德巴赫猜想的数学难题，这个难题叫"回文数猜想"。

这个猜想是："将任何一个十进制数，把它倒过来，得另一个十进制数。将这两个数相加得一和数。将这个和数用上面法则，重复算下去，到最后，一定会得到一个回文数。"

比如12，倒过来为21，将12+21得33。一步就得到33这个回文数。再比如89，则要用24步才能得到回文数。至于196，有人用计算机进行了几十万步计算，还未得到回文数。当然不能就此就否定"回文数猜想"。因为没有人能证明，再算下去也得不到回文数。

你如果有计算机，而且有这个能力，不妨把这个猜想的计算进行下去，也许你会成功地破解这个猜想哩！

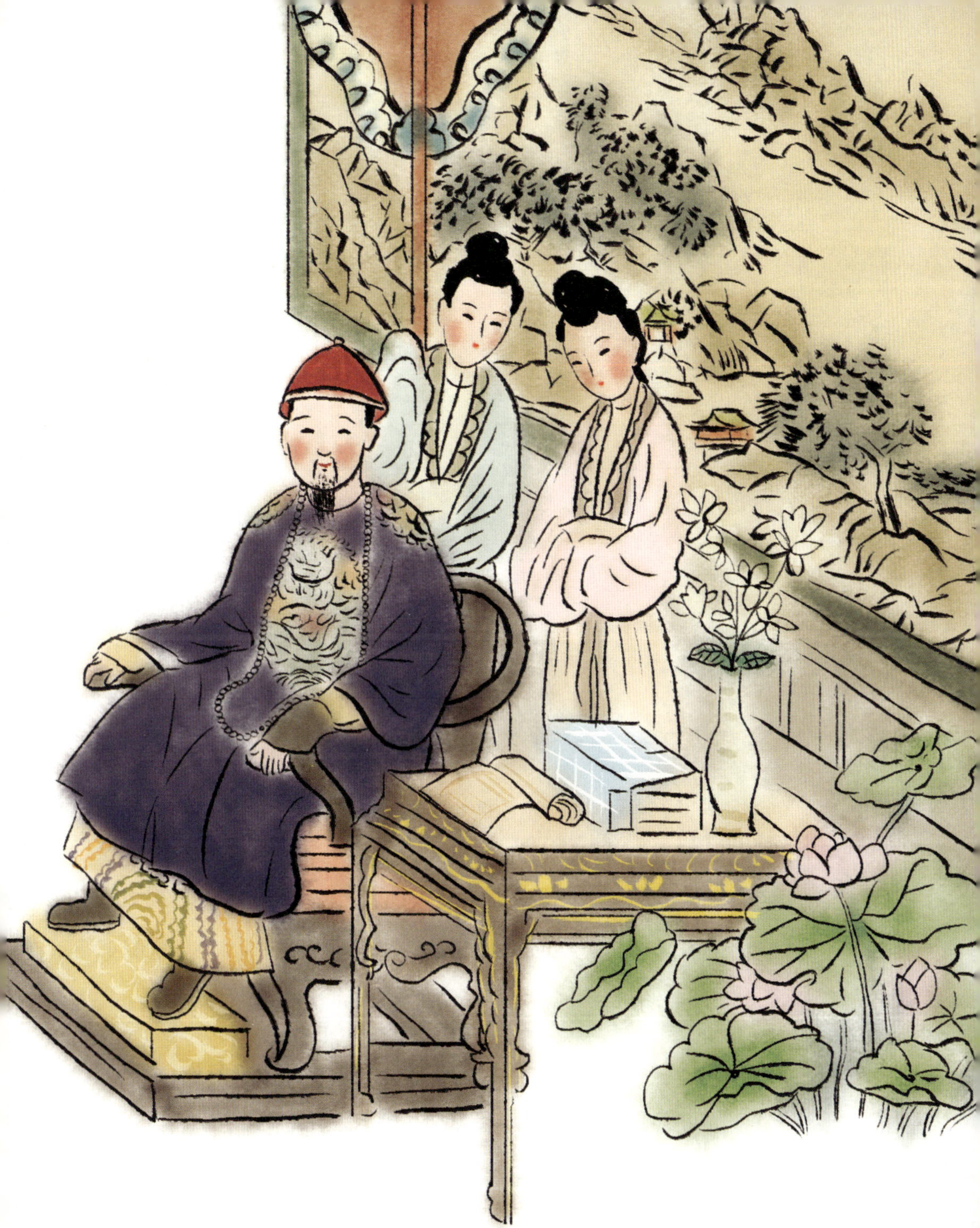

大街小巷齐狂欢

民间娱乐游戏

古人为什么爱舞龙？

端午节为什么要划龙舟？

古人的迷宫游戏有哪些数学道理？

踩高跷

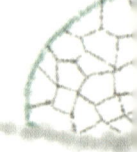

"出人头地"的娱乐

"长股国"的长脚人

踩高跷是一种传统节庆活动,关于它的起源,有不同说法。

一种说法是踩高跷的发明受到中国古典神话的启发。

战国和西汉时期,有一部充满神话色彩的著作《山海经》。其中第七卷《海外西经·长股国》中提到:"长股之国,在雄长北,被发。一曰'长脚'。"意思是,在雄长北边,有一个"长股之国"。"股"就是腿,即那里的人都长着长长的腿。

晋朝郭璞对此加以注释,认为"长股国"又叫"有乔国","今伎家乔人,盖象此身。"就是说,长股国的人身材高挑,腿十分长。后来一些有特技的人,就模仿他们,想法把腿增长,使自己变得像长股国的人一样。

另一种说法认为踩高跷来源于人们的劳作活动。古代劳动人民在浅水和湿地干活时,为了不弄湿鞋子,或干活方便,就折下树枝,踩着枝丫,来回行走。后来,又进一步将树枝用带子绑在脚上,这样行走更自如了。由于长期劳作,人们这样走习惯了,就练成了绝技。后来,踩高跷慢慢演变成了一种娱乐。

我国沿海一些地区,至今还保留着这种古老的作业方式。山东日照地区的渔民还用这样方式在海上捞虾。广西东兴地区的渔民为了到浅海里捕鱼,甚至还制作了一种特高的高跷。

宫廷里的"长跷技"

踩高跷从神话传说和劳动人民的高跷式劳作,发展到娱乐表演,是从宫廷开始的。

相传战国时代列御寇写的《列子》一书中,最早用文字记载了卖艺人的高跷表演。《列子·说符》篇中记载:

宋有兰子者，以技干宋元，宋元召而使见其技。以双枝长倍其身，属其胫，并趋并驰。弄七剑，迭而跃之，五剑常在空中，元君大惊，立赐金帛。

文中说有一个叫兰子的人，表示可以用一种技艺取悦君王。君王召见他，只见他用绳子将树枝绑在腿上，像长了新腿，使身高增加了一倍。他又跑又跳，甚至还手持七把剑，边跳边向空中轮流抛剑，五剑在空中飞舞。君王看后十分惊喜，马上赐给他金银布帛作为奖励。

这种表演相当于今天的杂技了。它一直延续在各朝宫廷娱乐活动中，并被命名为"长跷技"。南朝梁武帝时，更将它列入"礼乐"之中。

到了唐朝，踩高跷还成为一种宫廷乐舞。《旧唐书·音乐志》说："梁有长蹻（跷）伎、掷倒伎、跳剑伎、吞剑伎，今并存。"说的是，唐朝保留了梁代的长跷伎人，和其他各种伎人并列。

民间"扎高脚"

大约从宋朝开始，踩高跷技艺慢慢从宫中流传到民间，变成人们喜闻乐见的一种社火活动。

宋朝《都城纪胜》和《武林旧事》中，都提到民间社火中有踩高跷表演。社火指在节日和庙会中公开表演的各种娱乐活动。在社火中,高跷最常见的表演方式是走街。明清时,这种方式叫"出人头地",意思是它高出人头,艺人就像在高高的流动舞台上表演。

后来,高跷的表演方式越来越精彩,高跷艺人装扮成各式人物,有点像戏剧演出。

清朝康熙年间出版的《百戏竹枝词》中,有一首《扎长脚》,词中说:

村公村母扮村村,屐齿双移四柱均;
高脚相看身有半,要知原不是长人。

说的是村子里的农民打扮成村公、村母,到各村去表演。他们原本不是特高的人,只是用木柱绑在脚上,当木屐的齿,屐即鞋,使身长增高了一半。他们四条腿像四根木柱,却行走自如。

除了化装表演,还有技艺表演。明清时代的民俗画中,就有一种叫"出人头地"的高跷演出。艺人不仅踩着高跷,而且肩上还立着两个小人"和合二仙",真是比"出人头地"还高

出一头啊!

清末魏元旷在《都门琐记》中,还描述了北京等地踩高跷的绝技。他们不仅"履平地如飞",而且可以"金鸡独立""一足于背",还可以"劈叉""坐地一跃而起"等。真是令人大开眼界!

戏曲里的"跷工"

踩高跷从特殊作业的渔村、宫廷扩大到民间,传承了千百年。到清朝时,又开始进入到戏曲里,提升到"文化"的高度。

清朝杨懋建写的《梦华琐簿》一书中说:"闻老辈言:歌楼梳水头、踹高跷二事,皆魏三作俑。"说的是清乾隆年间秦腔花旦魏三(魏长生)把梳水头和踩高跷这两门技艺引入到秦腔中,丰富了表演内容。

后来,许多著名戏曲表演家继承和发扬了这一表演技艺,并定名为"跷工"。京戏大师荀慧生、梅兰芳等,都掌握了这种"跷工",并融入自己的舞台表演特点,创新了京戏表演形式。

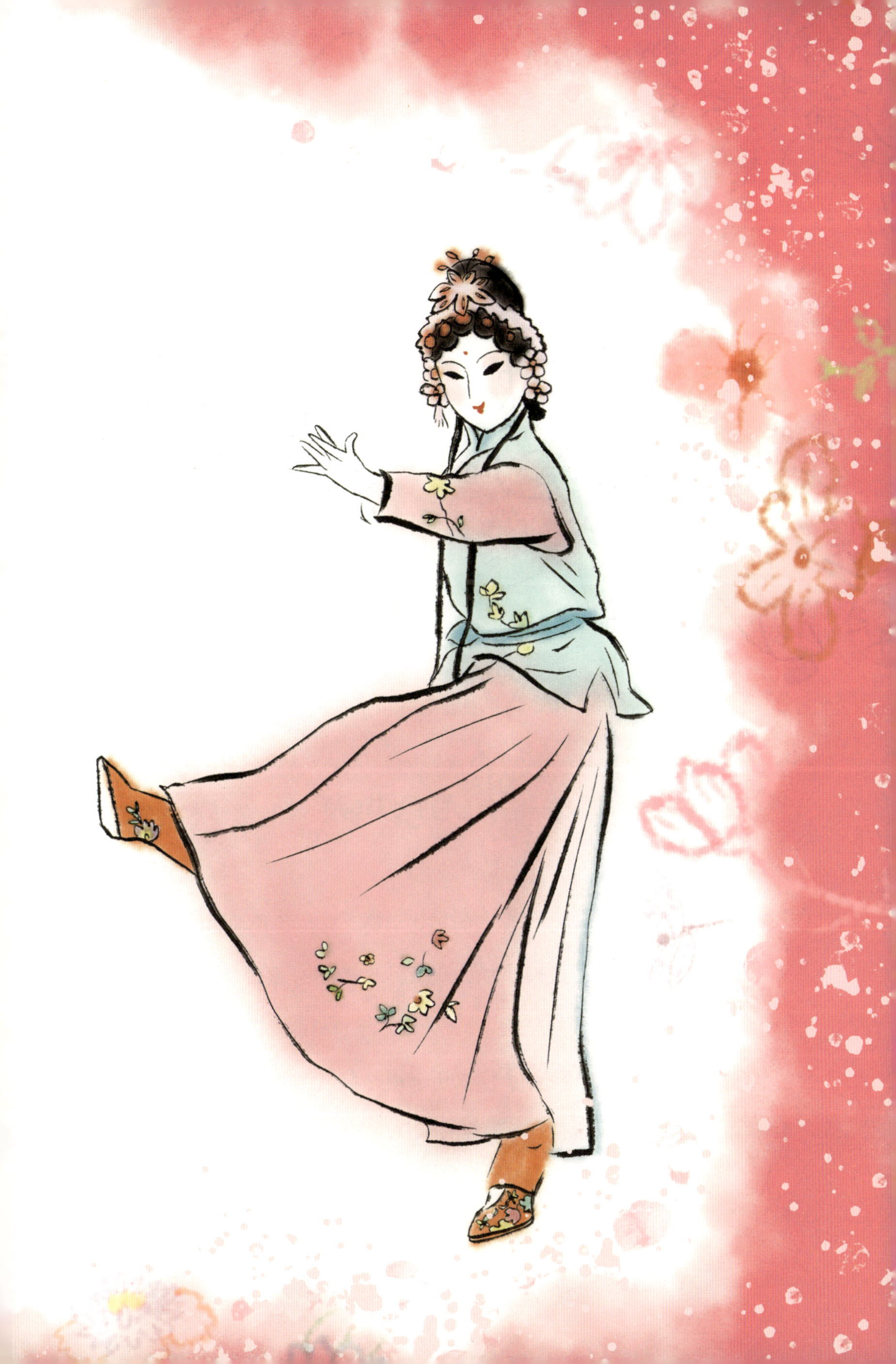

舞龙

"漫衍鱼龙"舞神州

龙的崇拜

龙是现实生活中不存在的神化动物，它是各种动物的综合体：蛇身、马头、鹿角、鱼鳞、鱼尾。我国历来崇拜龙，皇帝是"真龙天子"，百姓是龙的传人。

传说龙能行云布雨，所以历来用龙求雨。求雨的龙，有时由人扮演。据说，这就是舞龙游戏的起源。

"漫衍鱼龙"

汉代开始有了龙戏。《汉书》里记载汉武帝刘彻以"漫衍鱼龙"等百戏招待四方宾客。这"鱼龙"就是龙灯,它像鱼一样漫游。此后,漫衍鱼龙就指古代由人扮演成珍异动物进行表演的百戏节目。

东汉张衡在《西京赋》中,把这各路龙灯描述得很具体:"黄龙八丈,出水敖戏于庭。"龙用黄绸制成,长达八丈,表演出水的样子,在庭院中遨游。如此长的龙,必是由多人组成,这就接近今天常见的舞龙灯。

社火中的龙灯

从唐朝开始,舞龙活动开始普及到民间社火中,成为一种群众性娱乐活动。由于这种活动多见于元宵之夜,所以龙身上装有灯,于是有了"龙灯"之名。

南宋《梦粱录》一书中,就记有杭州元宵之夜舞龙灯的情景:"以草缚成龙,用青幕遮草上,密置灯烛万盏,望之蜿蜒如双龙飞走之状。"这种龙灯一般都成双表演。龙用草扎成,里面放上灯,看上去像双龙飞舞,很是壮观。

明清以来,舞龙活动不只是在元宵节举行,在其他节庆活动和庙会中也常常有此表演。龙的造型也各有千秋。常见的龙多用竹篾组成龙骨,以布、绸蒙成皮,用木架支撑,串联而成。南北各地,又根据地方特色,组成形态各异的龙。比如有一种板凳龙,就是用一条一条的板凳串联而成的。

"东方巨龙"

中国地处东半球,所以称东方龙国。由于中国日益强大,所以号称"东方巨龙"。

"东方巨龙"的形象代表之一就是龙灯、龙舞。许多大型活动都有舞龙节目。比如第六届全运会开幕式《凌云志》团体操上,就有四条"火龙"翻腾,气势磅礴,彰显中国精神。

在世界各国唐人街,每当中国节庆之日,华人都会舞动龙灯,表达爱国之情!

耍狮子

洋为中用的游戏

猛兽变瑞兽

中国不产狮子,狮子的原产地为非洲,是一种凶猛的动物。汉朝时,狮子传入中国,竟变成了代表祥瑞的动物。其典型的例证就是狮子的形象进入到游戏领域,逐渐形成"耍狮子"这个民间娱乐活动。

耍狮子就是人扮演狮子,进行各种表演。

有关狮子的记载,最早见于《汉书·礼乐志》。《汉书·礼乐志》中记载的象人便是耍狮子的前身。三国时期的魏国人孟康对《汉书·礼

乐志》里的"象人"进行了注解，说所谓"象人"就是人扮演各种动物，进行戏剧表演。他说，这种表演"若今戏鱼虾师（狮）子者也。"其中扮演的动物就有鱼、虾和狮子。

狮子舞

据说耍狮子先在军队中流行，后来传入民间和宫廷。到唐宋时，十分盛行。

唐朝时有"五方狮子舞"。其中有五头狮子，各用两人扮演。扮演者一个在前，扮演狮头和前身；一个在后，扮演后身和狮尾。扮演者的两只胳膊和两双腿变成狮子四肢，动作十分协调。另有两人扮演

"狮子郎",头戴红巾,手拿红拂,逗引狮子进行各种动作的表演。

唐朝诗人元稹在《西凉伎》诗中这样描述舞狮:

> 狮子摇光毛彩竖,
>
> 胡腾醉舞筋骨柔。

虽然全国各地都在耍狮子,但由于地理和文化因素,北方和南方的舞法不尽相同。

传说"北狮"在北魏时经胡人传入中原。北狮以写实为主,狮头重,毛多,形象威武。表演更接近杂耍,动作以腾翻、跳跃、滚绣球、走梅花桩为主,十分惊险。

"南狮"大约在南朝时,在广东、湖南流行。"南狮"狮头轻巧、华丽,更富浪漫主义气息。表演动作细腻灵活,传神写实,有搔痒、舐毛、洗耳等模仿狮子神态的动作,十分可爱。南狮的表演还和武术相结合,轻灵敏捷,刚柔并济。

尽管南北舞狮形态不同,但其目的是相同的。狮子号称"百兽之王",舞狮象征力量和勇敢。狮子又是中国人心目中的"瑞狮",所以舞狮又有镇邪、保平安的寓意。

扭秧歌

令脚板作痒的舞蹈

插秧时的歌舞

秧歌是一种流传极其广泛的民间歌舞活动。既称"秧歌",必与插秧有关。

清朝屈大均在《广东新语》卷十二中说:"农者每春时,妇子以数十计,往田插秧。一老挝大鼓,鼓声一通,群歌竞作,弥日不绝,是曰秧歌。"由此可见,秧歌本是南方农民在水田插秧时,一种唱歌的娱乐活动。为的是边插秧边唱歌,以消除疲劳。

后来，这种纯唱歌的活动，慢慢演变成一种田间歌舞娱乐。清朝王锡龄在《陕南巡视日录》中说："田间农民有系彩于首，扮戏装者歌唱舞蹈。金鼓喧闹，盖为秧歌助兴，俗名大秧歌本此。"

这里点出"大秧歌"名，说明"大秧歌"不只流行于南方，像陕西这样的北方地区也有。而且，表演者头戴彩饰，扮演戏剧人物，又唱又舞，且有鼓乐助威。

南北秧歌各出彩

我国各地秧歌的表演形式各有千秋，但都具有较强的当地特色。

南方的秧歌细腻轻柔，北方的秧歌粗犷豪放。而且，即使在一个地区，也出现了不同的流派。其中，最出名的是"陕北秧歌"和"东北大秧歌"。

陕北延安等地，正月初七一过，就开始闹秧歌。陕北延安秧歌内容很多，有踢场子、打腰鼓、扳水船、跑竹马等。一台秧歌有很多剧情、很多角色，活脱脱一出流动舞台戏。男角扎红腰带，女角多持扇子。表演者走村串院，以乞求五谷丰登、天下太平。

东北大秧歌气派大，舞者化浓妆，着大红大绿，不怕天寒地冻，舞手蹈脚跳得欢。

"锣鼓响，脚板痒"

尽管各地秧歌形式各不尽同，但基本有以下几个特点。

一是"扭"。就是以扭腰作为基本动作，加上手舞（一般是左手舞绸巾，右手舞扇子）、脚蹈（一般是走三步、退一步）。

二是"场"。就是在场地上变换队形，叫"走场"。常见有"剪子股""编蒜辫""走字形""走图案"等。

三是"音"。就是有锣鼓、唢呐伴奏，有时还有歌手伴唱。

四是"扮"。就是舞者扮演各种人物，表演各种小戏。

五是"耍"。就是穿插一些杂耍项目，以吸引人眼球，如"骑竹马""跑旱船"等。

有一句谚语："锣鼓响，脚板痒！"说的是锣鼓声一起，人们就脚板发痒，不由自主地跑出去扭秧歌。由此可见，秧歌是多么吸引人啊！

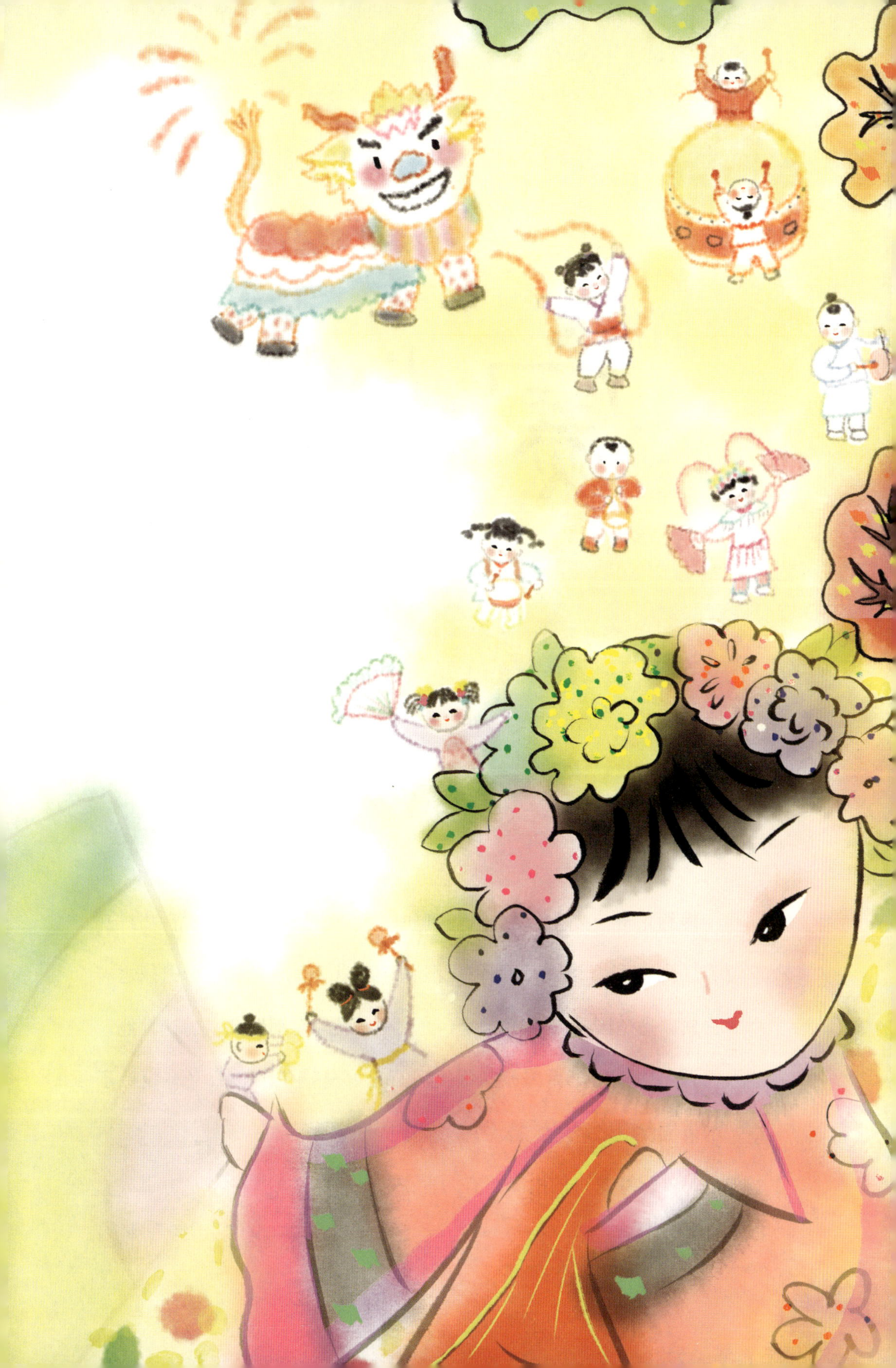

赛龙舟

端午节的庆祝活动

纪念屈原

提到龙舟，人们总是会联想到屈原和端午节。南朝《荆楚岁时记》说："五月五日竞渡，俗为屈原投汨罗日，伤其死，故并命舟楫以拯之。"

屈原是楚国爱国诗人，因不受重用，投湖南汨罗江。为拯救他，人们开船去施救。后来，又因投河日正好是端午节，故又有投粽子入水请他食用之举。

另外，赛龙舟的由来还有两种说法。

一是春秋末年东吴大夫伍子胥因受诽谤，而被吴王赐死。他的尸首被投入江中，但没有沉没，随着潮汐往返，百姓认为这是伍子胥显灵。于是每年五月五日皆驾船去投江处，以纪念伍子胥。

二是越王勾践为报灭国之仇，借乘船之机，操练水师。

以上多种说法，都各有其理。但由于纪念屈原之说更得人心，所以流传最广。

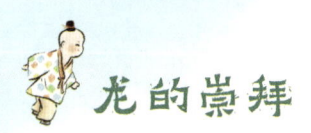

龙的崇拜

以上说法，都没有涉及"龙"。但为什么叫"龙"舟呢？原来，赛龙舟的习俗历史更悠久，起源于人们对龙的崇拜。这点和舞龙习俗的出现，意思差不多。

近代学者闻一多在《端午考》中说:"端午节本是吴越民族举行图腾祭祀的节日,而赛龙舟便是祭仪中半宗教、半社会性的娱乐节目。"这图腾就是龙,传说它能灭灾,是保护神,所以把舟做成龙形。前有龙头,后有龙尾。这就是"龙舟"的来历。

龙舟竞渡

据说,唐朝时扬州的长官是个龙舟迷。他不仅让人在龙舟底部涂上油以减少阻力,还让划船人身穿绸衣以防水。唐朝张建封写了一首《观竞渡》,生动描述了划龙舟的情景:

两岸罗衣破鼻香,银钗照日如霜刃。

鼓声三下红旗开,两龙跃出浮水来。

前两句写的是观众很是庄重，盛装打扮；后两句写的是划龙舟的活动十分隆重，又是打鼓，又是打旗。

清朝《清嘉录》录有一首龙舟竞渡诗：

> 锣挟鸣涛鼓骇雷，红旗斜插剪波来。
> 锦标夺到轩腾处，风卷龙髯雪作堆。

意思是龙舟上锣鼓声如雷，红旗招展，龙舟像箭推开波涛。待到取得胜利，龙髯上就像堆了雪花。

赛龙舟活动经过历史长河的洗涤，非但没有消失，如今还发扬光大，成为一种优良的娱乐、体育活动，还发展成了一种国际性水上竞技比赛。

转九曲

古老的中国迷宫游戏

克里特迷宫

迷宫起源于西方。早在古希腊神话中,就有迷宫的传说。4000多年前,地中海中有一个克里特王国。国王米诺斯生了一个牛首人身的怪儿子。为了遮羞,他在皇宫内修了一座迷宫,将怪儿子藏在宫中。这样,儿子出不去,外人也进不来。

这就是迷宫的起源。迷宫这个词就由希腊文"Labyrinthos"演变而来,意思就是"曲径"。

在北京圆明园，有一座西洋迷宫——黄花阵，是供皇帝赏月用的。这座迷宫在第二次鸦片战争中，被帝国主义侵略者烧毁，现在已经复建供大家玩乐。

古代战争阵式

迷宫这种建筑，在中国古代也有过。不过，当时是作为战争的工事使用。

有一出京剧《黄河阵》，讲的是道教财神爷赵公元帅的故事。他在秦时得道，藏身终南山。有一天，他独自下山，被仙人用法术杀害。他的三个姐妹决心为他报仇。她们在山下摆下"九曲黄河阵"，把仙人引入阵内，变成凡夫俗子。后来，天界领袖元始天尊下凡，才破了这个阵。

也有传说，周朝姜子牙为推翻纣王，摆下"九宫八卦阵"，最后演变成"九曲黄河阵"，战无不胜。

民间"九曲黄河阵"游戏

后来,"九曲黄河阵"慢慢演变成了民间游戏。这种游戏广泛流行在黄河流域和河北一带,成为元宵节一种广受欢迎的民俗活动。

这种游戏是在地面上,用361根竹子,摆插成19×19排的正方形阵式。竹子之间,用竹篱编成弯弯曲曲的围墙,只留一个出、入口。

人们从入口进入阵中,要走过九个弯弯曲曲的通道,才能从出口出来。走不对,就会被困在阵中。

有一首诗形容这种阵式:

四四方方一座城,住着三百六十兵。

天天晚上来操练,人人头上甩红缨。

这里的红缨指的是红缨枪,人们拿着枪操练,是在模拟当时的作战情况。现在,九曲黄河阵演变成游戏,传说,谁能顺利从阵中转出来,他这一年就可以消祸灭灾,安居乐业。

"一笔画"

其实,"九曲黄河阵"这类游戏,在数学里叫"走迷宫"或"一笔画"。

"一笔画"的意思是，用一支笔，沿着迷宫路途画线，如果能用一笔画出，没有断头，没有重复，那么，这个迷宫就能走成功。

数学里有一个有名的"一笔画问题"，叫"哥尼斯堡七桥问题"。18世纪，东普鲁士的哥尼斯城堡里有一条河，河上有两个岛，共架有7座桥。有人问：能不能一次走遍所有桥，每座桥只能走一次，不重复呢？

著名数学家欧拉就是用"一笔画"的方法，解决了这个数学难题。

想不到，我国民间"转九曲"游戏，竟包含着这样深刻的数学道理啊！

玩 具

儿童的第一本教科书

吸引眼球的玩物

观赏玩具

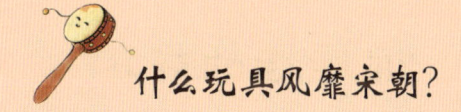

什么玩具风靡宋朝?

"永动"小鸟玩具为什么能不停喝水?

为什么叫"孔明灯"?

魔合罗

泥娃娃的前身

"戏弄小儿之具"

泥娃娃是孩子们最亲近的玩偶。其实早在5000年前的新石器时代,我国就开始用泥做玩偶了。到东汉时,又有了"泥车、瓦狗、马骑、倡俳",倡俳即歌舞人。当时还有文指出这是"戏弄小儿之具",即儿童玩具。

到了宋代,一种叫"魔合罗"的小泥人大出风头。京都汴梁到处出售一种泥孩儿,有文章称其"端正细腻,京语谓之摩睺罗"。此"摩睐罗"即魔合罗。

元代杂剧《张鼎智勘魔合罗》中，讲了一个用魔合罗断案的故事。李文道害死堂兄，欲霸占堂嫂不成，反诬告她杀害亲夫。后来幸亏一个卖魔合罗的小贩做证，证明李文道是凶手。把一个小小的玩具写进杂剧里，可见这魔合罗在当时十分流行。

魔合罗的故事

"魔合罗"这个名称，听起来似乎不像是中国本土语言。是的，它是一个外来语。

为什么一个地地道道的中国本地泥玩具，起了个外国名？原来，这与佛教传入中国有关。

有人认为"魔合罗"一词来源于佛教，梵文为"Mahoraga"，中文译作"摩睺罗迦"，也有译作"磨喝乐""魔睺罗"的。也有学者认为，魔合罗最初指佛祖释迦牟尼的儿子，后被民间借用，成为求子的形象。

后来，有人就将"魔合罗"中国化。即完全脱去其佛教中的形象，变成"中国娃"。

在元杂剧《十三郎五岁朝天》中，他变得"眉清目秀，唇红齿白……能言能语,百问百答。"在《西湖老人繁胜录》中,他变得更贴地气:"着红背心,系青纱裙儿。"十分可爱!

"活魔合罗"

魔合罗这种玩具,在七夕节大出风头,为妇女求子之用。唐朝《岁时纪事》中说:"七夕,俗以蜡作婴儿形,浮水中以为戏,为妇人宜子之祥,谓之化生。本出西域,谓之摩睺罗。"

当时还有歌谣:

捏塑彩画一团泥,妆点金珠配华衣。

小儿把玩得笑乐,少妇供养盼良嗣。

歌中说供养魔合罗,少妇为盼子,而小儿为玩乐。

宋朝七夕时,家家庭前摆满魔合罗,十分热闹。乞巧结束后,魔合罗就成儿童玩物了。更有甚者,人们将小儿打扮成魔合罗的样子,变成"活魔合罗",走街串巷,玩得多么痛快啊!

阿福

有生命的泥土

惠山泥娃

江苏无锡的惠山，盛产泥人。明末张岱在《陶庵梦忆》书中说："无锡去县北五里为锡山，进桥，店在左岸，店精雅，卖……泥人等货。"锡山邻近惠山，这证明，早在400多年前，这里就开始做泥人、卖泥人了。

惠山泥人的代表形象叫"阿福"，是一对笑嘻嘻的胖娃娃。

关于"阿福"名称的来历，有个传说。很久以前，惠山有一头

猛兽"大青狮"。它常到山下来加害小孩。人们去求天神，天神派了两个神童下凡来降青狮。这两个神童胖而壮实，身穿五福袄，力大无比，除了猛兽。后来，这里的艺人就用神童形象来塑造泥人。因为它身穿五福袄，很有福气，人们就给它起了一个名字"阿福"。

后来，阿福就成了惠山泥人的代表作。1992年，中国国际旅游年还将阿福作为吉祥物。

粗货和细货

惠山泥人之所以品质优秀，主要原因是这里土质细腻，可塑性强，干而不裂，弯而不断，号称"磁泥"。

惠山泥人从工艺上分，有两大类。一类叫"粗货"，一类叫"细货"。

粗货主要用模具压制，所以又叫"泥模模"。这类泥人主要供儿童玩乐，造型如小人、小鸡、小狗、小猫等，叫"耍货"。阿福是粗货的代表作，但粗货并不粗糙，主要是用模子制作可以大量生产，满足广大群众的需要。

细货是用手工捏制而成，所以每一个泥人都各有特点，主要用于观赏和收藏。它大约在清中期快速发展，因为这时京剧、昆曲在各地大流传，泥塑细货多半是戏剧人物。如《霸王别姬》中的楚霸王、《水漫金山》中的许仙等。后来，细货也用来表现菩萨等佛教人物和民间财神等民俗人物。

惠山泥人制作者中，涌现出许多工艺大师，他们的代表作大多收藏在江苏省博物馆里。

有生命的泥土

惠山泥人是中国泥人玩具中的佼佼者，这种玩具不仅在国内大受欢迎，也传到了国外。

著名文人郭沫若曾为其题诗：

> 人物无古今，须臾出手中。
>
> 衣冠千代异，肝胆一般同。
>
> 造化眼前妙，流传域外雄。
>
> 俏中人八百，童叟献神工。

诗中赞美惠山泥人制作者鬼斧神工，造化妙奇，作品名扬海外。

的确，惠人泥人及大师曾先后参加美国、加拿大举办的博览会，还到日本参加表演。国际友人称赞这种艺术造型为"有生命的泥土"。

泥咕咕

小小"兵马俑"

奶奶庙的"小兵马俑"

河南浚（xùn）县有座名山叫大伾（pī）山，山上有个奶奶庙。这里元宵节和中秋节，都要举办庙会。庙会上卖各种土特产。有趣的是，有种玩具特别受欢迎，它叫"泥咕咕"。

大伾山山下有一个叫杨玘（qǐ）屯的小村，盛产"泥咕咕"泥塑玩具。这些泥咕咕有泥兵、泥马、泥战车等，一律黑色。它们摆在庙会上，就好像一队队"小兵马俑"，十分可爱。远近的人，都喜

欢买上一个，作为玩具和纪念品。

杨玘屯里战友情

杨玘屯为什么出泥塑玩具，为什么这种泥塑玩具叫"泥咕咕"呢？

原来，这与隋朝农民起义有关。浚县是历代兵家必争之地。隋朝末期，有个农民李密发动了农民起义。他率领瓦岗军在这里与官兵发生战斗，夺取粮仓，在这里屯兵屯粮。

起义军长期驻扎在这里，后来战事平息，就在这里落户了。起义军中有一个叫杨玘的将领，喜欢泥塑。闲起来，他就组织一些会捏泥塑的士兵捏泥塑。

为了纪念死去的战友，他们就捏出一些军士，摆在死去的战友墓前，举行祭奠仪式。后来，又捏起了战马、战车，以回忆过去的战事。

再后来，又捏些小鸟、小鸡，丰富生活。

久而久之，这个驻扎地成了远近闻名的泥塑村。为了纪念起义将领，就称这个村为杨玘屯。

"泥咕咕"的来历

为什么要把这种泥塑玩具叫作"泥咕咕"呢？这与这种玩具的改进有关。

"小小兵马俑"玩具虽然名声在外，但是"叫不响"。特别是作为儿童玩具，必须创新，才能满足儿童的需求。

有的艺人想，玩具要能发声，就会更吸引人。原来的泥咕咕是

实心的，只能看，不能听。于是艺人把它们改成空心的，在身上扎上通气孔，这样就能像吹哨子一样吹响了。

由于泥塑比较厚重，吹出的声音比较低沉，有点像鸟叫的"咕咕"声。于是，人们将这种改进了的泥塑玩具，叫作"泥咕咕"。由于这个名称十分形象，且十分乡土化，所以很快就被市场接受了。

兔儿爷

北京人心目中的月神

一只被称作"爷"的兔子

明朝纪坤在《花王阁剩稿》中说:"京中秋节多以泥捏兔形,衣冠踞坐如人状,儿女祀拜之。"说中秋节时,北京人捏人形兔,当神祀拜。

清朝杨柳青年画《桂序昇平图》中,画有小儿击磬、跪拜兔儿爷情景。那兔儿爷身着红袍,立在供桌上,桌上还有祭品——月饼、西瓜和石榴。

清朝民俗书《清稗类钞·时令类》详细记录了兔神形象。它"兔面人身，面贴金泥，身施彩绘，巨者高三四尺，值近万钱。"

一般人以为兔子胆小，而北京艺人塑造的兔神精神十足，并以北京人的昵称"爷"相称。"爷们儿"是大气和坚强的表述，加在兔神上，这表明北京人对月神精神的升格，表达了人们对月神的敬重。

月神走下神坛

兔子作为月亮化身的说法，自古就有。春秋时代，楚国诗人屈原就提到月亮上有兔子。长沙马王堆汉墓出土的帛画里，也画着一弯新月中有一只奔跑的白兔。

慢慢地，作为月神的兔儿爷开始从神坛走进民间，成为儿童玩具。

老舍是北京通，他在《四世同堂》中，描绘了昔日北京街头卖兔儿爷玩具的情景：

> 有多少个兔儿爷摊子，一层层地摆起粉面彩身、身后插着旗伞的兔儿爷——有大有小，都一样的漂亮工细。有的骑着老虎，有的坐着莲花，有的肩着剃头挑儿，有的背着鲜红的小木柜。这雕塑的小品，给千千万万儿童心中种下美的种子。

兔儿爷如此受欢迎，老舍说"就是一个七十五岁的老人也没法不像小孩子那样喜爱它。"

兔儿爷文化

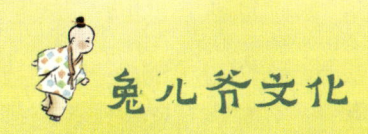

后来,兔儿爷玩具又从单纯的节令玩具,上升到一种文化现象。

在戏曲中,兔儿爷也被引入其中作为角色。《嫦娥奔月》京戏中,为了提升戏剧的观赏性和趣味性,加进了兔儿爷、兔儿奶两角串场。《白兔记》一剧中,有兔儿爷助人为乐的情节。《天香庆节》是爱情戏,主角就是兔儿爷。

歇后语是一种文学形式,它通常用形象来说明一个词。北京人十分幽默,创造了一系列与兔儿爷关联的歇后语。比如:

"兔儿爷打架——散摊子。"说明团体解散。

"兔儿爷洗澡——一摊泥。"说明事情变糟。

"兔儿爷掏耳朵——崴泥。"说明事情搞砸了。因为"崴泥"音似"挖泥"。

"兔儿爷拍胸脯——没心没肺。"

"隔年的兔儿爷——老陈人儿。"过时了,指旧人。

"八月十五的兔儿爷——有吃有喝。"指中秋节有供品。

看来,兔儿爷为丰富中国语言文化也作出了贡献。

糖人

甜蜜的耍货

糖狮子

北宋曾慥在《高斋漫录》一书中,讲了一个故事:

那是在北宋熙宁年上元节,宣仁太后登宣德楼去观灯。同时观灯的还有许多外族亲戚。神宗皇帝赵顼要送这些亲戚礼物。他问太后赏什么,太后说:"大人每人赏绢两匹,小孩每人赏奶糖狮子两个。"

这奶糖狮子是什么?原来是用糖和牛乳制作的小狮子玩意儿。

糖狮子是怎么制作出来的呢？在明朝科学家宋应星写的《天工开物》一书中讲得很明白："凡狮象糖模，两合如瓦为之。"就是用两片像瓦片的模子，在模子里灌上糖稀，然后合起来，冷却后就可以塑成狮。原来这模子里早就雕出了狮子的凹样。

现在，各种各样的动物造型糖果层出不穷。有的用模子，有的用手捏。可以当玩物欣赏，但主要作为零食。

吹糖人

在节日里或庙会上,吹糖人很受大人小孩的欢迎。

吹糖人的历史十分久远。在民国时期出版的《故都市乐图考》中,描画出了这种手艺人的形象。他们大都挑着担子走街串巷,担子上插着许多用糖吹出来的小玩意儿,通常叫作"耍货",就是用作玩耍的东西。

吹糖人还可以随时根据顾客的要求,吹出各种造型。比如遇到属鼠的,就给他吹出一个小耗子。吹的方法是用一块麦芽糖,剪开一个口子,然后用嘴往口子里吹气,边吹边用双手拉扯糖稀,变出造型。之后插入一支竹签,以便手拿。慢慢地,糖稀冷却凝固。一个吹出来的耍货就成功了。

糖人可以吃,但更多的是为欣赏。

糖画

糖画和吹糖人一样，也是一门历史悠久的手艺。它用的原料也是麦芽糖稀。

制作糖画，一般是在一块光滑的石板上进行。先把糖熬成糖稀，然后用勺子轻轻舀起，倾倒勺子，糖稀呈线状流到石板上。这时，移动勺子，糖稀就像画笔一样，在石板上画出图画来。

糖画艺人具有高超的绘画技能，他不打草稿，就可以"一笔"画出生动的图画，如龙、凤、虎、蛇等。

因为糖画是供人玩的，所以也要把一支或两支竹签固定在画上，支起来欣赏。

糖画因为不是用嘴吹出来的，所以比较卫生。而且可以贴上保鲜膜，保持新鲜、干净，所以可以食用。

当然，糖画和吹糖人一样，它们最宝贵的价值还在艺术上，是可贵的非物质文化遗产。

四喜娃

四娃连体喜煞人

几个顽童颠倒颠

国家邮政局曾发行一枚贺年明信片，上面画着一幅四个儿童连体的形象，叫"四喜娃"。四喜娃是我国一种传统的民间艺术形象，造型十分有趣，寓意吉祥，深受喜爱。

清朝天津杨柳青年画《九九消寒图》中，也画有两组连体儿童形象。上面还有一首诗：

几个顽童颠倒颠，冬寒时节衣不穿。

饥饱二字全不晓，每日欢娱只贪顽。

连生贵子亦如意，定要三多九如篇。

若问此景何时止？九九八十零一天。

原来画中几个颠倒相连的儿童，有"连生贵子"的寓意。

《四喜》诗

这种连体儿童的创意是谁想出来的呢？关于四喜娃起源的传说有很多种，其中一种传说很有趣。

据说，明朝朱元璋称帝后，恢复了科举考试。他听说江西有个小神童，决定召他到京都来面试。

谁知，小神童解缙所在县学教官不服，先出题为难他。这一年，江西风调雨顺，大丰收。教官就以"风调雨顺出嘉禾"为题，叫解缙画一幅应景画。

解缙别出心裁，画了一个四连体娃娃图。教官一看，大声呵斥："风调雨顺怎么出怪胎？"

解缙反击说："宋朝汪洙有《神童诗·四喜》：'久旱逢甘雨，他乡遇故知。洞房花烛夜，金榜题名时。'我画的正是'四喜合局'呀！"

教官被解缙说得哑口无言。从此，四喜娃成了《四喜》诗的形象说明。

多样四喜娃

四喜娃由于形象喜庆，所以就渐渐走出画面，变成实体玩具。

中国"铜都"安徽铜陵，出土过铜质四喜娃。在四川青城山和杭州黄龙洞，都有四喜娃雕塑。

之后，瓷质、陶质、泥质、玉质、石质、木质、布质、面质、蜜蜡等材质的四喜娃纷纷出现。它们有的作为摆设，成为工艺品。

有的作为装饰，成为孩子们脖子上的挂件。

特别要提到的是，它还被制成了文房用品镇纸。新西兰社会活动家路易·艾黎长年生活在中国，他就收藏了一件四喜娃镇纸。这件文物现在珍藏在甘肃山丹县博物馆中。在上海举办的一个"丝绸之路文物展"上，也展出过古时铜质四喜娃镇纸。这说明，四喜娃也是丝绸之路上的文物之一。

向世界推介四喜娃

2006年，中国得到国际儿童读物联盟第30届大会主办权。主办方决定征求大会会标，最后选定了四喜娃。

为了向各国同行解释四喜娃和国际儿童读物联盟的关系，大会特地著书作了说明：

改革和发展中的中国童书出版界迎来大会在中国召开，如"久旱逢甘雨"；

五大洲同行在中国相聚，如"他乡遇故知"；

中外童书界联姻，如"洞房花烛夜"；

大会成功举办，将推出未来国际书坛的"金榜题名时"。

这就给古老的中国"四喜"诗意，赋予了全新的意义。

智力游戏中的连体题

清朝杨柳青年画《九九消寒图》中，共有两组连体图案。一组为两个儿童连体，连成四个儿童，即"四喜娃"；另一组为三个儿童连体，连成六个儿童。河北武强年画博物馆存有清朝的年画，画名为《五子十成》，即用五个儿童连成十个儿童。清代苏州桃花坞年画中，也有类似的年画，叫《五子日升》。

这些年画，实际上成了考验儿童智力的难题。

美国波士顿美术馆收藏了一幅17世纪的波斯画。这幅画画的是四匹连体马。上下两匹是奔跑的活马；左右两匹则是垂死的马。19世纪末，美国著名智力大师萨姆·罗伊德，将这幅画改造成一种"死马变活马"的智力玩具。

这个玩具一经推出，竟风靡一时，现已成为经典玩具。当代美国最伟大的智力大师马丁·加德纳认为，这个玩具的构思灵感，就出自中国的四喜娃。

"三鱼争头"和"三兔共耳"

美术教育家认为，四喜娃的构图造型，就是中国美术传统造型中的"共用形"。这种共用形最典型的例子就是"三鱼争头"和"三兔共耳"。

东汉画像石上就有"三鱼争头"图。图中画有三条鱼，它们共用一个头。其寓意为"三世有余"，十分吉祥。

"三兔共耳"图则出现在敦煌壁画中。据敦煌研究院的工作人员介绍，莫高窟中共有20个洞窟画有"三兔共耳"图案。

所谓"三兔共耳"，就是三只兔子耳朵共用，只用三只耳朵就画成了完整的三只兔子，而不必画足六只耳朵。1999年是兔年，国家邮政局发行的贺年明信片上，画的就是"三兔共耳"。兔子是佛教中的神圣动物，出现在敦煌壁画中，有其佛教渊源。

小黄鸭

鸭子舰队漂流记

鸭子舰队

1992年1月,一艘中国货船从中国香港出发,准备开往美国西海岸的塔科马港。船上装着2万多只玩具小黄鸭。

当船行驶到太平洋中部时,突然遇到暴风雨,全部玩具落入水中。玩具小黄鸭是用塑胶制造的,体空,所以能漂浮。它们随洋流漂流,形成一支庞大的"鸭子舰队",开始海上旅行。

从1992年到1995年近3年里,"鸭子舰队"沿太平洋副热带环流,

漂了近1万千米，途经印度尼西亚、澳大利亚、南美洲和夏威夷等海域，周游了大半个世界。之后5年，又有一部分小黄鸭向北漂流，经白令海峡，到达北冰洋。2000年后，又有部分小黄鸭冲出浮冰，从格陵兰进入大西洋，到达加拿大和美国东海岸。接着，又有小部分小黄鸭随墨西哥湾暖流，漂越大西洋，于2007年到达英国南部海岸，完成了环球旅行。

　　这场意外，竟然引发了海洋学家的关注。他们说，从小黄鸭的漂流路径，能更直观地了解洋流模式，有助于帮助人类理解洋流的影响以及生物的迁移。

澡盆玩具

小黄鸭自己也想不到，它原本只是一种供儿童在洗澡时玩的玩具，竟成了一种探测海洋科学的工具。

那么，这玩具是谁制造出来的呢？这要归功于从广东佛山到香港"永新塑胶厂"打工的林亮。林亮想到，小孩在澡盆洗澡时，常常会在澡盆里放些小玩物，一边洗澡一边玩。于是，他就用塑胶制造了小黄鸭，专供儿童洗澡玩。这小黄鸭很可爱，一上市就受到儿童的欢迎。

想不到的是，小黄鸭也被外商看中，成为畅销的出口产品。这次远洋货船的意外事故，使这种澡盆小玩具大出风头，这不得不归功于小黄鸭的优秀特质。

首先，小黄鸭外形可爱，颜色鲜明，在水面上容易辨识。其次，它所用材料不受海水浸蚀，能长期保存。还有，它内部充满空气，体重轻，易于漂浮。最后还有一点，要形成"舰队"必须有大量"鸭子"。而这一点，正好中国有优势，中国是玩具制造大国，可以大量生产小黄鸭玩具。

抢手货

小黄鸭成名后，成了世界新闻媒体报道的主角。有的媒体甚至一年又一年跟踪"鸭子舰队"，报道它的新信息。

2006年，英国广播公司（BBC）还播出了一部纪录片《黄色鸭子入侵》，详细讲述了小黄鸭的前世今生。

小黄鸭的身价也不断上升。进口这批玩具的美国公司，曾要以每只100美元的价格回收小黄鸭。有的收藏家一度把它的价格翻了20倍。

首创小黄鸭的林亮，于1979年在广东东莞开设了玩具公司，他捐出千万元人民币投入家乡教育事业，以造福儿童。他还表示，要让小黄鸭"重出江湖"，再立新功！

饮水鸟

"永动"小鸟之谜

是永动机吗

苏联著名科普作家别莱利曼在他写的《趣味物理学续编》中讲到:"有一种中国儿童玩具,谁见了都觉得奇怪。它的名字叫'饮水小鸭'。"

日本东北大学教授酒井高男在他写的《玩具与科学》中提到,有一种中国玩具饮水鸟。他提到的饮水鸟和别莱利曼讲的饮水小鸭原来是同一种东西。据说,爱因斯坦见到饮水鸟,竟惊呼:"永动

机出现了！"后来，竟有人干脆把饮水鸟称作"令爱因斯坦吃惊的玩具"。

物理学家指出，永动机是不可能实现的。如果这个故事是真的，那么当代最伟大的物理学家爱因斯坦之所以那样说，本意是"饮水鸟太像永动机了"。

寻找饮水鸟

2005年是爱因斯坦逝世50周年,联合国定这一年为国际物理年。笔者和中国科技馆商定,举办一个"中国古典物理玩具展",为此,决定将饮水鸟拿出来展览。

可是,饮水鸟在哪里?这种玩具似乎已经失传了。为此,笔者决定通过媒体来寻找它。功夫不负有心人。最后,在华北电力大学物理实验室,我们找到了这种玩具。接着,又在沈阳找到了这种玩具的传人孙贵。

早在20世纪初就传到国外的中国玩具饮水鸟,终于出现在展览会上,露出了它的真面目。

"永动"之谜

饮水鸟的外形似鸟,它的头和尾都是用玻璃球制成的,中间用玻璃管连通。它头上罩了一顶纱布帽,身子里装着一种易挥发的液体——乙醚。

在饮水鸟前放一杯水,把鸟头浸入水中,放手后,由于乙醚集中在鸟尾，鸟会抬头。但过一会儿，尾部的乙醚会自动进入头部，使它头部变重而低头饮水。接着，它又会昂头、低头，不断饮水，就像永动机。而它看上去，似乎没有任何动力。

其实，它的"永动"并非没有动力。原来，它使用的能源是在大家忽视的大气中，这就是大气中的热能。饮水鸟头上的纱布浸上水后，靠大气热能，使水蒸发而头部温度下降，气压也下降，这样，尾部的乙醚就被压到头部。就这样循环往复，它看似"永动"，其实若头部无水、大气无热能，它就动不了。

孔明灯

"鸡蛋"飞上天

一千年前的科学幻想

西汉淮南王刘安所著的《淮南万毕术》。书中讲了一个幻想——让鸡蛋壳飞上天。

方法是这样：先将蛋壳打一个孔，倒出蛋液。然后，将艾草点着，装进蛋壳。于是，整个蛋壳变轻，浮起来了。

不管蛋壳升不升得起来，这个设想的原理是对的。蛋壳里的空气燃热了，内部确实轻了。问题是，蛋壳太小，里面装的热气太少，

不足以使蛋壳轻到可以浮起来。

后来，人们受到这个原理的启发，用纸制作了很大的"蛋壳"球，在里面点上蜡烛，这种灯球真的可以升上天。这种灯，后来叫"天灯"或"热气灯笼"。

据说，宋元时期的军事首领曾把天灯用到军事上，作为信号灯。

为什么叫孔明灯

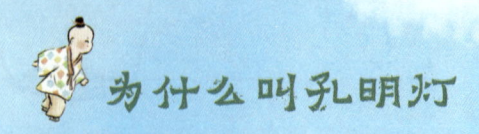

天灯传到民间后,全国各地争相仿制,慢慢地变成一种娱乐品和玩具。

由于各地语言不同,天灯的叫法也有差别,比如"云灯""飑灯"等。到后来,慢慢又统一叫作"孔明灯"。这是为什么?

这种灯为了通透,往往先在灯纸上挖上孔,再贴上透明纸。这样,点上灯后,灯罩出现一个个明亮的孔。所以,有人叫它"孔明灯"。

还有人认为这种灯是三国时诸葛孔明发明的,所以用他的名字命名。其实,天灯并非孔明发明,只因为他是一个"智多星",所以人们把这个功劳归于他。这样,我们可以理解为:"孔明灯"只不过是智慧的结晶罢了。

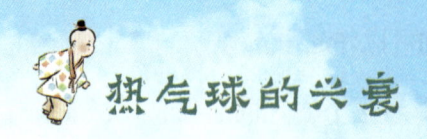

热气球的兴衰

孔明灯与热气球的原理相同。18世纪时,世界曾掀起一股玩热气球的热潮。

1783年9月19日,法国蒙哥尔费兄弟在巴黎凡尔赛宫广场,用

热气球将一只羊、一只鸡和一只鸭子升上了天,飞到了千米高。

同年11月21日,蒙哥尔费兄弟又将两名青年用热气球送上了天,实现了人类第一次"飞天"。

但是,好景不长。由于热气球的缺陷,它并没有得到发展。其原因有三。一是高空气温低,热气到高处后会冷却,所以飞不高。二是高空空气稀薄,不足以产生更大的浮力,也飞不高。三是安全问题。因为热气球加热必须用明火,这就容易造成火灾事故。我国规定,放飞热气球必须在指定时间、指定地点,同时还要有绝对的安全保证措施。

走马灯

"飞绕人间不夜城"

灯里走马

中国是花灯的故乡,而在众多花灯中,最显眼的是走马灯。

宋朝李嵩在《观灯图》中,就特别画了走马灯。它外形像个透明的方匣子,匣子里面安着一个叶片轮。叶片轮上固定着许多纸做的骑马人。叶片轮下放有蜡烛。当蜡烛点燃后,热气就会推动叶片旋转。于是,纸骑马人会在灯里飞转。所以,叫"走马灯"。

元朝谢宗可用诗将走马灯的工作原理描述得清清楚楚:

飙轮拥骑驾炎精，飞绕人间不夜城。

风鬣追星低弄影，霜蹄逐电去无声。

诗中"炎精"即指火焰产生的热气。叶轮上的纸人纸马像千军万马在不夜城中绕行。这就像疾风追着星星，又像霜地里的马蹄追逐空中闪电，却没有声音。

走马灯情思

走马灯在儿童心中是一个玩具，可以用它找到欢乐。然而在文人的心目中，却另有一片情思。

有人视走马灯为人生路上的福星。据说，北宋名相王安石赴京赶考时，走马灯竟成了他成功的铺路石。赶考路上，有户人家门前挂了一个走马灯，门边写有对联，但只有上联：

走马灯，灯走马，灯熄马停步。

谁知，考场上挂了一面飞虎旗，考的也是对联。考官说了一个下联，叫王安石补上联。这下联是：

飞虎旗，旗飞虎，旗卷虎藏身。

王安石正好把赶考路上见到的上联对上了，于是高榜得中。多么巧！

清朝文人富察敦崇在《燕京岁时记》中,将时代变迁比作走马灯:"上下千古,二十四史中无非一走马灯也。"于是,有人在《百戏竹枝词》中借走马灯叹息人生:

络绎无休影里形,附他余焰费趋承。

人前岂少劳劳者,叹息终宵走马灯。

说的是人生就像走马灯无休止地忙活,焰火烧尽,难以承受转动。

面对悲观的思想,有人也拿走马灯来相劝。唐朝诗人希迁是这样劝的:

团团游了又来游,无个明人指路头。

除却心中三昧火,刀枪人马一齐休。

意思是,走马灯转来转去,似乎没有目标,充满了迷茫。但只要去除内心杂念与执着,就像走马灯蜡烛熄灭了一样,方能获得心灵的平静与解脱。

燃气涡轮的雏形

喷气飞机的发明,是现代航空的大革命。这种飞机的关键技术是喷气发动机。谁也想不到,古老的走马灯的工作原理,竟与现代涡轮喷气发动机的原理类似。

清人徐珂在《清稗类钞》一书中说："咸丰时，西人某来华，见走马灯而异之，购一具以归，遂因此发明空气涨缩转动机械之理。"这空气涨缩转动机械，就是后来震惊航空界的喷气飞机发动机。1939年，世界第一架喷气式飞机诞生。

清朝《燕京岁时记》感叹，数百年来，安不知走马灯竟是现代科学技术中的"利器"。

哈哈镜

引人发笑的魔镜

笑从何来

在一些商场或游乐场所,常常会放一些镜子。观众一照镜子,怪了,有的会把你变成瘦猴,有的会把你变成胖猪。你一点也不会生气,反而哈哈一笑。这就是哈哈镜,引你发笑的魔镜。

把你变成丑八怪,你不但不生气,反而高兴,为什么?因为你知道,镜子里的人像不是真正的你,是它把你变形了。

于是,你会想,这是为什么?为此,你会去摸镜子,原来这镜

子不是平的,而是有凹、有凸,这就是使你变形的秘密。

古人铸鉴

哈哈镜的秘密,早在一千多年前,就被中国制镜匠人揭开了。

北宋科学家沈括在他写的《梦溪笔谈》一书中说:

古人铸鉴，鉴大则平，鉴小则凸。凡鉴洼则照人面大，凸则照人面小。小鉴不能全观人面，故令微凸，收人面令小，则鉴虽小而能全纳人面。

古人称镜子为鉴，多用青铜铸成。做大镜子镜面平，做小镜子镜面凸。这是因为小镜子镜面小，镜面平照不全；镜凸点，人面变小，却能照全人面。

这就点明了哈哈镜将人变形的原理。凸面照出的人面小，凹面照出的人面大。哈哈镜有凹有凸，就会把人变得千奇百怪。

生活中的哈哈镜

其实，你在日常生活中，也会碰到各种哈哈镜，只不过这些哈哈镜"变脸"了。

一只不锈钢匙子，就是一个变脸哈哈镜。将匙子凸面对着你，你看到的是比你小的像；而将凹面对着你，你看到的是比你大的像。

在汽车驾驶室外边，立有一面小凸面镜。它可以把车后很大范围内的景物缩小，全部展示在镜子里，让驾驶员将车后的情况一览无余，以保证安全行车。

在马路转弯处，往往会立一面大大的凸面镜，它也会把转弯处的景物，缩小到镜面上，供来往行人、司机观察，安全行走、行车。

在一些宾馆的洗脸台上，会立一面可移动的凹面镜，它会把人脸放大，以便刮胡子和化妆。在戏院化妆间，也会放这样的镜子。

倒像之谜

凹面镜还有一个特点，会出现倒像。这点在《梦溪笔谈》中也有说明：

> 阳燧面洼，以一指迫而照之则正；渐远则无所见；过此遂倒。

阳燧是古代一种借日光取火的镜子，面凹。手指靠近，照出正像。手指渐远，无像。再远，则变倒像。这是因为凹面镜有焦点，手指在焦点内为正像，在焦点上无像，在焦点外为倒像。

这种情况也会出现在不锈钢匙子上，有的匙子太凹，焦点太近，人一靠近就出现倒像。照哈哈镜有时也会出现这种现象，这就更增加了乐趣。

乐在手舞足蹈中

动作玩具

古人酒席上为什么摆不倒翁？

陀螺有什么犟脾气？

古人的"导弹"什么样？

木偶

玩于指掌间的傀儡

偶人

木偶是一种玩物,也是一种表演艺术品。其起源是上古的"俑",即"偶人"。《史记·殷本纪》说:"帝武乙无道,为偶人,谓之天神。"原来,商帝时就有人制作偶人,来作为天神的替身。

早期的偶人是用土烧成的。到周朝,有了木偶,并出现了木偶戏。

周穆王西巡途中,偃师为讨穆王欢心,向他献上一个会歌舞的

木偶人。此偶人表演十分逼真，直盯着穆王爱妾。穆王看后气极，要处死偃师。偃师赶紧割开偶人，穆王才知不是真人，因此息怒，且感叹："人之巧乃可与造化者同功乎？"可见，当时制造木偶人的技术已经十分高超。

手指傀儡

到了晋代，出现了一种掌上木偶戏——手指傀儡。手指傀儡是直接用手指代替木头，在手上玩的人偶戏。

晋代王嘉写的《拾遗记》中说："南陲之南，有扶娄之国，其人善机巧变化……于掌中备百戏之乐，宛转屈曲于指间，人形或长数分，或复数寸，神怪倏忽……乐府皆传此伎。"原来三千年前，就有人用手指扮演人物，在掌上作戏。

为了使手指表演更加逼真，有人在手指上套上类似衣服的布袋，这种改进的手指傀儡戏，后来就叫"布袋戏"。

关于布袋戏的产生，有一个传说。明代福建泉州秀才梁炳麟去参加会试前，到庙里去占卜。晚上，他梦见庙里仙公在他手上写了"功名手掌中"五个字。他以为这是预示他考试"易如反掌"，要中榜。可是，他竟落榜了。后来，他看到木偶演出，想起"功名于掌中"的意思，是要他用巧手去成就功名。于是，他以后致力于改良手指傀儡，成功地创作了名满天下的布袋戏。

提线木偶

用手指直接作为人偶，毕竟不像周朝偃师制作的木偶人灵活、真切，但那只是传说。为了真的能使木偶人活起来，有人想出来用线索拉动的办法。

1979年，山东省莱西县西汉墓出土了一个木偶，其关节处打有小孔，估计就是供穿线用。可见，汉朝就有了提线木偶。

唐宋时代，提线木偶演技达到高峰。唐时《明皇杂录》中有一首《傀儡吟》：

刻木牵丝作老翁，鸡皮鹤发与真同。

须臾弄罢寂无事，还似人生一梦中。

诗中提到的木偶老人，皮发似真人。多么生动啊！

宋朝，木偶技艺大普及，甚至成了儿童的玩乐。宋朝苏汉臣画的《百子嬉春图》中，就有儿童表演提线木偶的画面。南宋《傀儡婴戏图》中，甚至还画出了正式舞台上的儿童提线木偶演出，画中还有一儿童击鼓伴奏，热闹极了。

不倒翁

"不倒原来泥半团"

扳不倒的老翁

关于"不倒翁"这个玩具名称的来历，有一个故事。

春秋战国时，楚国的卞和采到一块玉，把它献给楚厉王，楚厉王听玉工说这玉是假的，认为卞和有欺君之罪，下令将卞和左脚剁去。楚武王即位后，卞和不死心，又将玉献给楚武王，楚武王也认为是假的，又将卞和右脚剁去。后来，楚文王即位，卞和还不死心，又将玉献给楚文王。文王凿开一看，是真玉，正式将此玉命名为"和

氏璧",并感叹:"和氏真是扳不倒的老翁也。"

有人说,这就是"不倒翁"这个名称的来历。

"酒胡子"

"不倒翁"名称是有了,可到底是如何变成玩具的呢?这有一个演变过程。

清人魏崧在《壹是纪始》中说:"不倒翁始于唐。"原来,最早的"不倒翁"实物，是唐朝的"酒胡子"。酒胡子原本是宴席上的一种劝酒用具。《唐摭言》中说："巡觞之胡，旋转由人。"它醉醺醺的，糊里糊涂，任由人转动，东倒西歪，最终倒下时指向谁，谁就得喝酒。因为样子为胡人形象，所以叫"酒胡子"。

酒胡子再演变，就成了玩具。赵翼在《陔余丛考》中作了说明："儿童嬉戏有不倒翁，糊纸作醉汉状，虚其中而实其底，虽按捺旋转不倒也。"原来，作为儿童玩具的不倒翁，是用纸糊的，中间空、底厚重，所以按不倒。其样子像醉"汉"，不是"翁"。

文化中的不倒翁

"不倒翁"这个词语也被引用到文化领域中，作为贬义词和讽刺对象。

著名画家齐白石在1922年画过一幅漫画《不倒翁》，画中是一个戴乌纱帽的小丑。画上还题有一诗：

乌纱白扇俨然官，不倒原来泥半团。

将汝忽然来打破，通身何处有心肝？

这首诗不仅把左右逢迎的丑官刻画得活灵活现，而且揭示了其不倒之谜——没心肝。

何处有"心肝"

"变脸"不倒翁

不倒翁降低重心以保持平衡的力学原理也在科技领域和其他场合被广泛使用。

矿井里有一种矿车,其装料的斗重心偏高,不稳,易倾倒。这正好便于装矿石。矿石装满后,重心降低,十分稳定,像不倒翁。这样,矿车就可以平稳地开出矿井。

飞机、轮船的货舱都位于底部,装上货后,重心下降,也像不倒翁,这样航行就平稳了。

杂技演员走钢丝,往往手拿一根长竿,横在下半身,这样也能降低身体的重心,走起来就稳当了,这也用了不倒翁的力学原理。

拨浪鼓

儿童玩具的"活广告"

拨浪鼓的前身

拨浪鼓是一种古老的发声玩具,这种玩具的前身是古代的一种乐器——鼗(táo)。

《周礼》中说:"小师掌教鼓、鼗、柷、敔、埙、箫、管、弦、歌。"就是说,在礼乐制度中,老师要教多种乐器和歌曲,鼗就是其中一种。

鼗同鞉,是一种用皮革蒙成的小鼓。山东出土的汉代画像中,画出了它的样子,是一种带柄的手摇小鼓,最初只在宫廷中用。

鼓声咚咚货郎来

到东汉晚期，鼗走向民间。

它先成为一种民间娱乐乐器，东汉《百戏画像》中就有民间百戏用鼗伴奏；接着就开始变成儿童玩具，此时改名为"播鼗鼓"了。南宋李嵩画的《货郎图》中，就有货郎背着货篮，一小儿手持播鼗鼓摇玩情景。后来，播鼗鼓经口语化，被称作"拨浪鼓"。

拨浪鼓不仅是货郎卖的玩具，还成了"有声广告"。他摇着拨浪鼓走街串巷，不用吆喝，听着咚咚鼓声，儿童就知道卖玩具的来了。

清朝李渔剧本《风筝误》中有一首诗：

满手持来满袖装，清晨买到日黄昏。

手中只少播鼗鼓，竟是街头卖货郎。

诗意是有人买了一天的东西，装满全身，像个货郎。只是没买拨浪鼓，十分遗憾。

拨浪鼓与文学艺术

拨浪鼓作为乐器，也是文化娱乐的一部分。它作为玩具，也走进了文学艺术中。

小说《金瓶梅》中，拨浪鼓成了哄孩子的工具。李瓶儿见哥儿不睡，就拿拨浪鼓哄着他。李瓶儿先是用手拍哥儿，不见效，接着就用拨浪鼓哄，效果不错。

《西游记》中，唐僧师徒来到"镇海禅林寺"，见一喇嘛。他"头戴左笄（jī）绒锦帽，一对铜圈坠耳根。身着颇罗毛线服，一双白眼亮如银。手中摇着播郎鼓，口念番经听不真。"这里提到喇嘛手摇播郎鼓，即拨浪鼓。其实，这播浪鼓是一种转经筒，是种法器，类似拨浪鼓。这种转经筒是寺庙中的法物，不再是玩具了。

现在，拨浪鼓已是我国一项非物质文化遗产，既是玩具，又是工艺品。

嘎拉哈

原生态的玩物

"嘎拉哈"是什么东西

"嘎拉哈"是满语，指的是动物的蹄腕关节的距骨。满语流行于北方的满族、达斡尔族和蒙古族等少数民族地区。这些动物包括当地盛产的羊、黄羊、狍子、獐、鹿等，也包括各地都产的猪等。

清朝《柳边纪略》中提到，"童子相戏，多剔獐、麇、狍、鹿前腿前骨，以锡灌其窍，名喀什哈。或三或五堆地上，击之，中者尽取所堆，不中者与堆者一枚。多者千，少者十百，各盛于囊，岁时闲暇，虽壮者亦为之。"

这里提到的喀什哈就是嘎拉哈，是童子游戏的玩具。一般直接用它玩，高档的还要在其凹槽里灌锡，这样更好玩。这段文字描述的是嘎拉哈众多玩法中的"弹（击）法"。

孩子们将嘎拉哈堆在地上，再用另一个嘎拉哈去击堆上的嘎拉哈，击中就将全堆嘎拉哈取走。没有击中，就返送堆者一枚嘎拉哈。

文中还点出过年闲暇时，成人也参与其中。

嘎拉哈文化

玩嘎拉哈充分体现了北方少数民族的习俗。先民们打了猎物后，割下肉，取出距骨，作为战利品，返回部落，彰显成就感。有时，他们还将这些东西作为贡品，上贡朝廷。

除了击打外，嘎拉哈还有多种玩法。如抛、接、连抛连接，等等。有的技巧形似玩杂技。最流行的一种玩法为：游戏者坐于桌前，将一布包抛向空中，同时按动桌上多枚嘎拉哈，使其四面依次变换，而且要在瞬间接住从空中下落的布包。

玩嘎拉哈有时还配合童谣，边玩边唱。有一首流行于北京的童谣内容十分有趣：

打了一个一，一个一，

一根儿手指头抹糖稀；

打了一个二，二比二，

庄里的小狗儿不吃那玩意儿；

打了一个三，三个三，

一番两番连三番……

这童谣多么幽默，又多么充满童趣和生活气息。可以看出这种游戏多半出现在节庆日子里。

别看玩嘎拉哈十分土气，不登大雅之堂，但是，却受到许多文人的偏爱。清末，叶名沣写了一本《桥西杂记》，里面还专门记录了这种玩具，包括它的各种玩法，如抓拐、弹拐、打拐等。北京地区，称羊距骨为"羊拐"，书中记录的玩法就是指羊嘎拉哈的玩法。

走进博物馆

嘎拉哈这种玩具，今天基本上见不到了。要想了解它，可能要进博物馆了。

在博物馆，除了原生态嘎拉哈外，还可以见到人造嘎拉哈。

在黑龙江省绥滨县发掘的金代墓群中，竟出土了水晶和玉质嘎拉哈。在阿城县墓葬中，还出现了铜质嘎拉哈。

从这些藏品中可以看到嘎拉哈这种玩具从原生态玩具发展到人工工艺品的演进历程。

弹弓

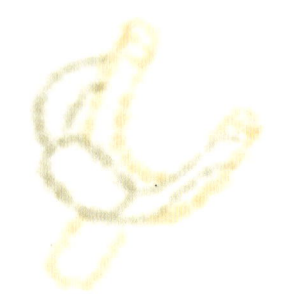

向鸟儿说一声"抱歉"

"螳螂捕蝉,黄雀在后"

西汉刘向在《说苑·正谏》中讲了一个故事。春秋时,吴王一意要讨伐楚国。其手下一青年侍从决心说服吴王放弃这个想法。他拿出一个弹弓,在后花园跑。吴王问他干什么,他说,蝉在树上饮露,不知螳螂在后面要捕吃它。而螳螂不知道黄雀在自己后面要捕食它。而黄雀呢,不知道有人要用弹弓的弹丸攻击自己。所以,做事决不能只顾前利而不顾后患。吴王听从了侍从的话,打消了伐楚的想法。

这就是成语"螳螂捕蝉，黄雀在后"的故事。可见，弹弓原来是用弹丸攻击鸟儿的工具。

"弹丸之地"

古时弹弓用树杈制成，用丝线或牛筋做弦。树杈本身没弹力，光靠弦产生的弹力有限，不能把弹丸射得太远。所以人们常常用"弹丸之地"来形容地方很小。这个词出自《史记·平原君虞卿列传》。书中提到，秦王要攻打赵国，要求赵国割让六座城池求和，赵王犹豫不决，于是向曾经担任过秦国丞相的赵人楼缓请教，楼缓认为，如果赵国能割让这六座城池，虽只是弹丸之地，却可以换来终年和平。

"苦饥寒,逐金丸"

一般的人,用弹弓也许只是为打鸟和娱乐,而有的富人则是用弹弓显摆。

《西京杂记》中记载了一个故事,说的是汉武帝宠臣韩嫣挥金如土,他喜欢用弹弓打鸟,而且弹丸竟是用金子做的。于是,有许多穷苦人,特地跟在他身后,去捡金弹丸,"长安谓之语曰:'苦饥寒,逐金丸'。"

魏晋时期的"美男子"潘安,风光一时。他也经常用弹弓显摆,招摇过市。他用的弓弦,据说是用洛阳城里一匹最彪悍的牛的牛筋制作的。

五代十国时期,花蕊夫人曾写过一首《宫词》,其中有两句关于弹弓的诗句:

侍女争挥玉弹弓,金丸飞入乱花中。

一时惊起流莺散,踏落残花满地红。

这首诗通过细腻的描写展现了宫中的奢华生活。

你看,一个小小的弹弓也分出了穷与富。

一分为二看弹弓

当然,也有一些不用弹弓乱打鸟的正面事例。

《吴越春秋》记载一事:某人亡故后,用白布裹尸,投弃于野外。其子持弓和弹看守,以防尸体被鸟兽所噬。

西汉皇帝刘洵曾下诏书:"其令三辅毋得以春夏摘巢探卵,弹射飞鸟。"意思是,春夏之交,正是鸟孵卵季节,故下令不得用弹弓射鸟。用现代动物保护的观点来看,这命令还是正确的。

当然,弹弓毕竟曾是一种打鸟工具,应该向鸟儿说声"抱歉"。作为一种娱乐用具,还是把它送进博物馆吧!

扑 满

孩子自己的小银行

"满则扑之"

扑满是古时候孩子的存钱罐。为什么叫"扑满"呢?

晋朝葛洪在《西京杂记》中解释说:"扑满者,以土为器,以蓄钱具;有入窍而无出窍,满则扑之。"原来,扑满是用陶土烧成的器具,用来存钱。它只有入口而无出口,所以钱存满了要取出,必须打破它,所以叫"扑满"。

古时多用铜钱,所以扑满只留一个小小的长方形孔洞,不容易

倒出来。这就起到了存钱的功用。所以，它真像孩子自己的小银行。

当然，要想用钱，必须打破陶具，所以有一点可惜。但陶具很便宜，换一个也方便。

送给清官的礼物

扑满这种玩具,在古时还有一个很有意义的作用,就是用它来象征清廉。

西汉菑川,即今山东寿光,有一个叫公孙弘的平民。他后来攻读文法吏治,被汉武帝任命为丞相。他上任时,朋友送了三件东西做礼物。这三件东西分别是生刍、素丝,还有就是扑满。生刍就是青草,送青草是希望他像青草一样,一身玉洁,即"守身如玉"。送素丝的意思是蚕丝虽细,但结成线却很结实,希望他从小事做起,才能干好大事。而送扑满的意思是,希望他别贪财,贪多了,就会被摔破。后来,人们就常常用扑满来作为人生座右铭。

新疆吐鲁番一座盛唐时的古墓中,墓壁上画有一幅彩色壁画,画中有一件欹(qī)器。欹器这种东西装满水就会翻倒,溢出水来。它和扑满的警示作用相同:不可自满!

最佳绿色玩具

扑满这种古老的陶制品,经过时代的进步,演变成各种各样的存钱罐了。它也从单纯的"小银行",变成了儿童玩具。

存钱罐的样子千变万化,从罐状演变出各种形状。质地也从陶质,改为金属和塑料等新型材料了。为了方便取钱,有的还加了活动出口和带锁开口。

有趣的是,中国的古代"小银行"也"出口"传到国外了。比如美国史蒂文森玩具公司在19世纪末生产了一种"威廉·退尔射苹果"存钱罐,取自瑞士英雄威廉·退尔射苹果的故事,使用者存钱时将硬币放在存钱罐上威廉·退尔像的步枪里,然后释放弹簧,将硬币"射"进城堡存钱罐里,变静态存钱为动态存钱,成了风靡一时的玩具。

世界玩具评估机构曾将一种玩具存钱罐列入"最佳绿色玩具"名单。存钱罐名叫"两只小鸟银行"。哈哈,真把扑满命名为"银行"了。

空竹

奥运会上显身手

从抖葫芦到抖竹子

2008年北京奥运会开幕仪式上表演了许多民间体育活动，其中就有抖空竹。

据说，抖空竹起源于抖葫芦。从前，宫廷里种了葫芦。葫芦成熟后，两头大，腰细小。有个太监就用绳子绕在葫芦腰上，扯着玩。

后来，这玩意儿传到民间。有人用竹子代替葫芦，制成葫芦形状，

玩起来更得手。由于竹子中间是空的,所以得名"空竹"。

抖起空竹入云表

空竹历史十分悠久。明代刘侗等著的《帝京景物略》中，就介绍了北宋时儿童玩空竹的情景，当时把空竹叫作"空钟"。书中说：

> 刳木中空，旁口，汤以沥青，卓地如仰钟，而柄其上之平。别一绳绕其柄，别一竹尺有孔，度其绳而抵格空钟，绳勒右却，竹勒左却。一勒，空钟轰而疾转，大者声钟，小者蛄蛲飞声，一钟声歇时乃止。

意思是，将空竹筒封口，旁边开口，中间立轴，立地像钟。玩时用竹尺穿上绳，绳另一端绕在柄上，用力拉绳，空竹就会飞快旋转，发出大如洪钟、小如虫鸣的声响。

这里说的是单轮空竹。后来，又有双轮空竹。玩单轮比玩双轮更难。由于很好玩，所以空竹成为庙会等娱乐场合的热门玩具。

清朝《朝市丛载》中有一首竹枝词：

> 狗熊傀儡互喧闹，汗粉淋漓跑旱船。
> 抖起空竹入云表，千人仰面站沟沿。

词中将抖空竹和玩狗熊、傀儡戏、跑旱船等娱乐活动并列。其中，空竹更好玩，表演者可以把它抖到空中，众人仰面观看。

中国杂技之花

抖空竹来自民间,后来成为中国杂技艺术的代表项目。

1974年,我国发行了一套抖空竹杂技特种邮票。1984年1月9日,在巴黎举办的"明日国际杂技节"上,中国演员表演的抖空竹节目受到空前欢迎,获得了金奖。

不论是杂技演员,还是民间抖空竹高手,都能把空竹玩到极致。

首先,在玩法上,花样翻新。除了常见的胸前抖外,还有高空抛、滚地接;除了前手抖外,还有背手抖,翻身抖;除了单人抖外,还有双人换手抖、双人互抖等。

其次,表演者不仅可以抖标准空竹,还可以把别的东西抖起来,如雨伞、茶杯盖、锅盖、花瓶等等。

在北京西城,还有一座空竹博物馆。在这里,你会看到各种大大小小、形态各异的空竹,你可以在那里大显身手,畅快地展示自己高超的技术!

陀螺

犟脾气的小家伙

古老的历史

陀螺是我国民间十分普及的玩具，想不到它竟有如此悠久的历史。浙江余姚河姆渡遗址中，就出土了六七千年前新石器时代的石陀螺。在山西夏县的仰韶文化遗址和江苏东海县的西汉焦庄遗址中，又发现了陶质陀螺。

由于历史悠久，陀螺在流传过程中，有了许许多多名称。

北魏贾思勰在《齐民要术》中写道："梜（jiā）者，镟作独乐及盏。"

著名农学家缪启愉校释曰:"独乐,即陀螺,小儿玩具。"宋朝时,陀螺传到日本。日本就用汉字"独乐"为它命名。

在中国,陀螺的名称几经变更。宋朝称陀螺为"千千"。《武林旧事》中说:"若矢儿戏物,名件甚多……如……打娇惜、千千车……"明朝时,也称陀螺为"妆域"。《历代旧闻》中说:"妆域,宫中戏具……圆三、四寸,面刻龙花,下有悬针,木盘承之,旋转如飞。"

在东北,陀螺又被称作"冰猴",多在冰上玩。抗战时期,则把抽陀螺叫作"抽汉奸",那是针对当时时局发出的正义呼声。

"杨柳活，抽陀螺"

明朝时，《帝京景物略》记载了一首童谣：

杨柳活，杨柳多，小孩小女闲不过，丝线结鞭鞭陀罗。

鞭陀罗，陀罗起，陀罗起，鞭不已；鞭不已，陀罗死。

其中，陀罗就指陀螺。春天，杨柳抽芽，正是玩陀螺的时节。用鞭子抽打陀螺，陀螺飞转，不抽它就倒下"死"了。

陀螺有许多玩法。清朝《鞭陀罗》诗中，描述了儿童玩陀螺的情景：

嬉戏自三五，乐莫乐兮鞭陀螺……

鞭个"走珠"，鞭个"旋螺"，

随风辗转呼如何。

这里的"走珠""旋螺"是指玩的花样，如珠在走，螺在旋，真是"乐莫乐兮"啊！

陀螺的犟脾气

陀螺虽小，但脾气犟。具体表现就是，认准方向死不改！

玩过陀螺的人会发现，陀螺一旦高速转起来后，其转轴方向永不会变。比如它在平板上转，高速转起来后，不管平板如何变动方向，陀螺不会跟着转方向，而是永远保持转轴方向不变。

著名科学家居里夫人说："当我像'嗡嗡'作响的陀螺一样高速旋转时，就自然排除了外界各种因素的干扰。"

陀螺的这种犟脾气，在物理学上说是"定轴性"。利用这种特性，就可以在太空中指引方向。

1852年，法国物理学家傅科制造出世界上第一台陀螺仪。20世纪30年代，飞机上开始用陀螺导航仪取代磁罗盘。1944年，德国开始在V-2导弹上装上陀螺导航仪，开始了航天新里程。

风筝

春风送你上青天

一个有关风筝的误解

  风筝,号称"春的使者"。一到春天,有关风筝的文章争相出炉。但是,许多文章一开头谈到风筝的起源时,就都出了一个大错误。

  都说风筝起源于春秋战国之时,根据《墨子》和《韩非子》记载,"公孙输削木以为鹊,成而飞之,三日不下。""墨子为木鸢,三年而成,蜚一日而败。"于是,有了木鸢和竹鹊是最早的风筝之误。

这个说法之所以错误，原因是木鸢和竹鹊都没有线牵引，上面又无别的动力装置，怎么能飞三日不下呢！因此，若真有木鸢和竹鹊，也只可能是仿鸟而制的模型。最多是一种鸟形滑翔飞行器。

那么，为什么人们会把木鸢误作风筝呢？那是因为风筝有"纸鸢"的别称，有人以为木鸢和纸鸢仅是用材不同。其实这两种"鸢"千差万别。

"风筝"名称的来历

风筝在历史上有多个名称，除纸鸢外，还有纸鹞、风鸢、风鹞等。

那么，为什么叫风筝呢？

一种说法是，唐朝时风筝特别盛行，玩法也多样。有人在纸鸢上装上用苇秆制成的小哨。这样，经风一吹，就会发出哨声，似鸣筝，于是得名"风筝"。

唐朝诗人高骈特为此作《风筝》诗：

夜静弦声响碧空，宫商信任往来风。

依稀似曲才堪听，又被移将别调中。

说的是竹哨如弦音，一任来风吹动。诗人似乎刚辨认出一首曲调，而这曲调又因风向变换变成另一个音调。诗中的"宫商"就指音调。

另一种说法是，五代时大臣李邺在纸鸢上安了竹笛，笛声亦似鸣筝。

不管是装苇哨还是竹笛，都是为了让风筝在空中发声。于是，纸鸢有了"风筝"这个文雅之名。

风筝从军记

你可知道，风筝这个古老的玩具，曾经成为武器。

西汉初期，楚汉相争。传说刘邦的手下为了瓦解楚霸王项羽的军心，制作了一种带竹笛的风筝，放飞到楚军阵地上空。风吹着笛子发出凄凉的声音，汉军伴着笛声唱起楚歌，使楚军人心涣散。结果，楚军大败。这就是"四面楚歌"的故事。在故事中，风筝成了传递信息的武器。

后来，刘邦跟韩信闹翻。据说，为了帮助谋反的汉臣打击刘邦，韩信也动用了风筝。因为刘邦住在未央宫，谋反者准备挖一条地道进攻未央宫。韩信就用风筝飞向未央宫，通过风筝线的长短测出地道长度。此时，风筝成了测量工具。

南北朝时，梁武帝被困在南京台城里，想到城外搬救兵，但无法送信。这时他手下将军羊侃想到用风筝去送信。这里，风筝又成了通信工具。

多面手

当代文人邓拓曾经用如此诗句来赞美风筝：

鸢飞蝶舞喜翩翩，远近随心一线牵。

如此时光如此地，春风送你上青天。

风筝的一条线，牵出了多少快乐、多少情思、多少事业！

风筝之乐，记录在历代名画中。宋朝张择端的《清明上河图》及苏汉臣的《百子图》，明朝方于鲁《方式墨谱》中的《九子图》中，都有儿童放风筝的欢乐画面。

宋朝文人李石说，放风筝有益健康，因为小儿张口观望风筝，可以泄去内热。更不用说放风筝来回奔跑，锻炼了身体了。曹雪芹不仅将放风筝写进《红楼梦》中，而且自己还亲自制作风筝，成为风筝工艺大师。

古代还有许多专以风筝为主题的戏剧。比如元朝关汉卿的《绯衣梦》、清朝李渔的《风筝误》等。

风筝传到国外，还成为科学家的工具。1749 年，苏格兰科学家亚历山大·威尔松用它来进行高空气象试验。1752 年，美国科学家富兰克林用它来做雷电试验。1901 年 12 月 12 日，科学家马克尼用风筝升起天线，实现了世界上最早的无线电通信试验。

最早的飞行器

在美国华盛顿国家航空航天博物馆里，有一块说明牌上写着："人类最早的飞行器，是中国的风筝和火箭。"这里的原意是，人类最早的"重航空器"是中国的风筝，人类最早的"航天器"是中国的火箭。

因为人类最早的飞行器是"轻航空器"，即热气球。这里说的风筝，指重于空气的飞行器，即"重航空器"。

据说，南北朝时期，北齐皇帝拿人命寻开心，竟让一个叫黄头儿的人，乘风筝从七八丈高的楼上飞下。结果，黄头儿命大，真平安地飞下了楼。

1899年，美国莱特兄弟制造了一架双身风筝，进行空中试飞。最终，他们用发动机代替拉绳，乘着这种"双身风筝"飞上了天。这"双身风筝"就是现代飞机的雏形之一。

竹蜻蜓

"中国陀螺"飞起来

小小"蜻蜓"登上大雅之堂

竹蜻蜓是一种用竹片制作的玩具。据我国航空史专家、西北工业大学教授姜长英考证,它最少有 1500 年的历史。

竹蜻蜓的主要构造就是一对像风扇般的旋转羽片。只不过竹蜻蜓的羽片扭了个角。将这种羽片插上一根竹竿,用手搓竹竿,羽片就会旋转。一松手,竹竿连同羽片就会升起来。由于它像蜻蜓,又用竹制成,所以得名"竹蜻蜓"。

竹蜻蜓大约在明朝时传到国外，引起了许多人的兴趣。其中有英国飞行家乔治·凯利。他改用鲸骨做构件，用钟表发条来转动。据说，他制成的竹蜻蜓竟升到27米高。后来竹蜻蜓又传到法国。法国人看到竹蜻蜓会像陀螺那样旋转，就叫它"中国陀螺"。当时的法国科学院，还把它作为研究课题，并进行了飞行表演。

葛洪的飞车

晋朝科学家葛洪，写了一本《抱朴子》，记录了他设计的许多东西，其中就有一种"飞车"。

这种飞车用枣木制成，"以牛革结环剑以引其机"。就是用木片做成旋转羽片，用牛革制成绳子，绕在它的轴上，拉动绳子使它旋转，而直升起来。

中国国家博物馆的研究人员认为，葛洪飞车就是现代直升机的雏形。

直升机发明之路

能不能像竹蜻蜓那样，制造出能载人的旋翼式直升飞行器呢？许多人进行了努力。

1907年，法国工程师保罗·科尔尼终于制成了一架可载人的直升飞行器。可惜，只飞到0.3米高就失败了。

1922年，美国科学家造出了一架名为"飞行章鱼"的直升飞行器，由于操纵问题，也未成功。

1936年，德国工程师研制出了一种带操纵装置的直升机，终于飞到3000米的高度。但还是因为飞行不稳，不能投入使用。

科学家经过研究，发现这些直升飞行器之所以不成功，原来是旋翼转动时会产生"打旋"现象。终于，美国科学家西科斯基用机尾加装小旋翼的办法，克服了"打旋"难题。1941年，他正式驾驶改装后的直升机，正常飞行92分26秒，宣告直升机发明成功。

为"直升机"正名

直升机发明后,许多人把它和一般飞机混同,叫作"直升飞机"。这种叫法甚至被新闻媒体使用,影响很大。我国航空老前辈姜长英教授很着急,他认为直升机和一般飞机根本不是同一种。飞机的机翼是固定式的,而直升机的机翼是旋转的,所以,严格地说,直升机不是飞机。

为了纠正这个错误的名称,姜先生到处呼吁:不能再把直升机叫作"直升飞机"了。现在姜老的呼吁已经得正规媒体的认可。可是,在民间,有人还是随口说错。看来,要纠正一个科学认识上的错误,必须下大功夫。

风车

巧借风力送电来

迎风转如轮

风车是节日里孩子们最喜欢的玩具之一,它代表喜庆和吉祥。

传说风车是周朝姜子牙发明的,作用是镇妖降魔。真正的纸风车,应该是造纸发明之后才有的。从此,风车开始成为一种玩物。

南宋画家李嵩画的《货郎图》中,货郎帽子上就插着一个风车。明朝定陵出土的"万历百子衣"上就绣有一个童子手持风车玩耍的形象。

明朝《帝宋景物略·春场》中，详细记录了风车的制法和玩法：

> 剖秫秸二寸，错互贴方纸，其两端纸各红绿，中孔，以细竹横安秫竿上，迎风张而疾趋，则转如轮，红绿浑浑如晕，曰风车。

这里点明风车之所以叫"风车"，是因为它转动起来像车轮。由于方纸相互错贴，形成一个角度，因此迎风快跑时，它才会转。

最早的风车，只是在竹竿上贴一些错开的叶片。后来改进成在一个轮子里贴许多扭角的叶片，转动效果更好。

奇肱国的飞车

我国有一部最晚战国时代就开始编写的书《山海经》,讲到西边有个奇肱国,那里的人会造飞车。飞车上装着两个大风车,人可以骑着它随风而飞行。

宋朝文人苏东坡借此写了一首《金山妙高台》诗:

我欲乘飞车,东访赤松子。

蓬莱不可到,弱水三万里。

看来,这种飞车并不成功,连蓬莱都飞不到,这飞车终究只是一个幻想。

实用型风车

用风车来飞行，虽然没有成功。但是，将风车作为其他实际用途，则有进展。

辽宁省辽阳出土的东汉晚期汉墓壁画上，就画有用风车干活的情景。元明以来，实用型风车的用途越来越广，人们称这种风车为"风转翻车"，就是用风来转动的"翻"车。把它架在河边，可以用来抽水，还可以用来舂米、磨面。这种风车至今还在某些农村保留。电影《柳堡的故事》，就有情节发生在古老的风车边。

不过，现在用风车的最广泛用途之一发电。就是用风推动风车，用风车推动发电机发电。19世纪末，世界上第一台风力发电机出现在丹麦。1986年，我国第一座风电场——马兰风力发电厂建成并发电，这是我国风电史上的里程碑。

我国地处亚洲大陆东南部，风力资源丰富。据估计，我国离地10米高度层的风能总储存量达到32亿千瓦。其中华北、西北、青藏高原和东南沿海地区，可利用的风能十分可观。

风力是一种可再生、无污染的廉价、清洁能源。从玩具风车上，我们领悟到一个大道理：小玩具有大作为！

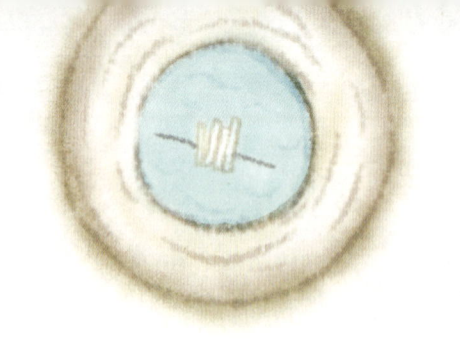

指南针

"慈石"引子

爱因斯坦的玩具

爱因斯坦是当代最伟大的物理学家,据说,他小时候最爱玩的玩具是指南针。他玩着玩着,总想问:指南针为什么一头指南方,一头指北方?他认为,可能是有一种力量吸引着它。他当时年龄还小,不知道原来是磁力在吸引它。

正是这种爱问问题的探学精神,像磁力一样吸引他,从而使他长大成为伟大的物理学家。

"慈石"引"子"

指南针其实是一种磁针。磁针是用磁石磨成的。

几千年前,我国的古书《吕氏春秋·精通篇》中,就记载有"石,铁之母也。以有慈石,故能引其子。石之不慈者,亦不能引也。"书中把"磁石"说成"慈石",把它比作铁的母亲,能吸引其儿子。不是慈石,就不能吸引铁这个儿子。

磁石能吸铁,所以后来就把磁石称作"磁铁"。而中国人发现磁铁能指方向,于是发明了被誉为中国古代四大发明之一的指南针。

形形色色的指南针

据东汉王充《论衡·是应篇》记载,"司南之杓,投之于地,其柢指南"。有学者认为,这里的"司南"可能是东汉的一种磁性指向装置。一些学者认为司南是用天然磁石制成的,而天然磁

石不易得到，因此人们想到用人工磁化的方法来得到指南针。人工磁化就是用寻常的铁质物体与天然磁石摩擦，使它变得有磁性。人工磁化的出现，使指南针得到大大的发展和普及。作为玩具的指南针，也都是用这种材料制成的。

世界上最早的关于用天然磁石磨钢针的方法造磁针，以及人造磁针指南的记载，出现在北宋沈括所著的《梦溪笔谈》：

> 方家以磁石磨针锋，则能指南，然常微偏东，不全南也。水浮多荡摇。指爪及碗唇上皆可为之，运转尤速，但坚滑易坠，不若缕悬为最善。其法取新纩中独茧缕，以芥子许蜡，缀于针腰，无风处悬之，则针常指南。其中有磨而指北者。
>
> 余家指南、北者皆有之。

后来，为了更形象，人们还将磁针藏在木鱼里，制成指南鱼。又将磁针藏在木龟里，变成指南龟。这些形形色色的指南针，不仅越来越好玩，而且越来越准确、精密。

航船上的眼睛

指南针的发明对人类科技的发展起到了非常重要的作用，它的最大贡献之一就是促进了航海的发展。

海船之所以能在海上确定方向，靠的就是根据指南针原理制成的磁罗盘。我国是最早在航船上用磁罗盘辨别方向的国家。

宋朝的《萍洲可谈》一书中，就记有："舟师识地理，夜则观星，昼则观日，阴晦则观指南针。"原来，在海船上，白天可用日出日落定向，夜里可看星图定向，阴天就得靠指南针。确实，指南针全天任何时候都能指向。所以，人们就称它为"航船上的眼睛"。

玩具指南针

指南针能指示方向，其中的原理对孩子们也很有吸引力，所以也成了儿童玩具。

作为玩具的指南针比较简单。它的主体就是一种磁针，用薄铁片磁化而成。把磁针浮在水上，它会指南；吊在线上，也会指南；甚至放在指甲上，也会指南。有人把它藏在木鱼里，制成指南鱼，更好玩。

还有一种常见的玩具指南针外形是一个圆盒子。盒底画有方位，中间立有一针柱，磁片中间有凹槽，可以立在针柱上。小朋友带着它，就可以到处游玩，不迷失方向。

翻花

花篮十八翻

莲花球

印度许多庙宇和旅游景点会卖一种叫莲花球的纪念品。这种东西是用铁丝编结而成的,压平像个盘子,拉开像朵莲花。

据说,这种球与修建著名古迹泰姬陵的印度沙·贾汗皇帝有关。这个皇帝深爱其妃泰姬,特地将莲花球送她,供她休闲把玩。

印度是个崇尚佛教的国家,莲花是佛教的象征之一。由于莲花球又好玩,又能启迪智慧,所以有印度人把这种东西叫作"莲花智

力玩具"。

谁会想到，中国早就有这类玩具，而且比印度的这种玩具更复杂，好玩。

翻花篮

日本智力玩具专家坂根严夫写了一本《世界益智发明搜奇》。

其中有一段提到："在中国庙会上，也有用铁丝制作的同样玩具出售。其历史可追溯到百年以上。"

的确如此，在中国北京春节庙会上，也有这种智力玩具。不过，它不叫莲花球，而叫"花篮十八翻"。

"花篮十八翻"，听这个名字，就明白这种玩具像铁丝编成的花篮。它可以翻出十几种形状来，比如梅花、荷花、玉兰花、喇叭花、花篮、花盘、花鼓、花球等等，何止十八种哩。

花篮十八翻和印度莲花球相比较，更好玩。印度的莲花球有7个花瓣，而中国的花篮十八翻有6个花瓣。这是因为中国人认为"6"是吉祥数，有"六六大顺"的意思。在春节庙会上把玩，就有祝福来年一切顺利的说道。

而且，中国花篮十八翻是双层的，比印度莲花球多一层。这样，玩起来更得心应手，而且花样更多。

中国花篮十八翻现在是一项非物质文化遗产。它的产地多在河北省一带。河北省徐水县安肃镇十里铺村是制作花篮十八翻的基地。每年腊月一到，家家户户都制作花篮十八翻，以便满足春节庙会市场的需要。

纸翻花

北京还有一种类似花篮十八翻的纸玩具，叫"纸翻花"。它是用纸制作的。

北京南城崇文门附近，有一条花市大街。这里过去是一个制花、卖花的大市场。市场里卖的花，有真花，也有假花，所谓"假花"是指仿制花形的工艺品。纸翻花由七彩颜色的软纸制成。它呈长条形，两头各贴有一个竹竿，供手把玩。软纸折成手风琴的样子，可以拉开、收拢，还可以扭曲。它也可以像花篮十八翻那样，翻出各种各样的形状来，有的像花朵，有的像花球，有的像麻花，有的像长蛇……

纸翻花一度消失，现在已经作为一种非物质文化遗产，得到复兴和保护。

玩纸翻花和花篮十八翻一类玩具，既要用手，又要用脑；既可健身，又有益开发智力。使出你的十八般本领，去玩吧！

爆竹

从驱山鬼到飞上天

爆竹的由来

放爆竹是节日里最热闹的娱乐活动之一。你知道"爆竹"这个名称的来历吗?

汉朝东方朔写的《神异经》中,讲了一个故事。说西方深山有一种山鬼,经常出山祸害百姓。百姓想了个办法驱赶山鬼,就是燃烧竹子。竹子爆裂发出巨声,山鬼听到响声,果然逃走了。

后来,人们就把这种活动,叫作放"爆竹"。

爆竹变形记

大家知道，现代放爆竹不再是烧竹子，而是"烧"火药。这是怎么回事呢？

原来，战国以来，盛行神仙术。传说有种仙药，吃了会长生不老。汉武帝怕死，就召集四方的方士，为他炼仙药。据说仙药是用丹砂炼出来的，就不断有人去深山炼丹。

隋朝时，有个老方士炼丹时，出了意外，炼丹炉起火了。为什么会起火？直到唐朝，药物学家孙思邈终于解开了这个谜。原来，丹药里有硝石、硫黄和木炭，它们都是易燃的原料。后来，人们就把这些东西合称为"火药"。

人们开始明白，火药不但不能保人长命，弄不好反而害命。有人又想，火药既然容易着火，不如"歪打正着"，用它驱山鬼。就是用纸包住火药，把火药点着后，火药燃烧胀开纸包，就会发出巨响。这声音比烧竹子响多了。于是新型"爆竹"产生了。

由于"爆竹"这个词成为一个常用词，即使它的内容彻底变了，不再用竹子做原料，但这个名称仍沿用了下来。

"起火"爆竹

火药爆竹出现后，形式不断翻新。有人不满足只是听声，而是想玩新的花样。

有一种花样叫"起火"。就是在爆竹下面留个孔，点燃后，燃气会从孔中喷出，整个爆竹就会依靠喷气的反作用力，向上飞！

据说宋朝理宗皇帝在位时，有人在宫里放了一个起火。这起火制成老鼠状，屁股上留有孔，叫"地老鼠"。一天，有人点燃地老鼠，这家伙竟蹿到皇太后脚下，把她吓了一大跳。

后来，起火被用到军事上。宋朝时，有人把起火装在箭上，靠喷火把箭射出去杀伤敌人。这就是原始的"火箭"。

到了明朝，原始火箭正式升级。有一种火器是在一个火箭筒里装 32 支火箭，点燃后，众矢并发，可以射出 300 步远，力穿皮革，叫"一窝蜂"。还有一种火器叫"神火飞鸦"，是将火箭筒制成乌鸦形，里面装上两支火箭和炸药。点燃后，火箭飞出 300 米远，再点燃炸药，炸毁目标，是一种原始"导弹"。另有一种"火龙出水"更神，它是将火箭筒做成龙的形状，"火龙"体外有四支火箭，体内放置若干火箭。当体外火箭点燃后，"火龙"飞出；再点燃体内火箭，继续加速，飞得更远。这是一种原始多级式运载火箭。

前面说过，美国航空航天博物馆将中国火箭认定为最早的飞行器，说的就是中国的原始火箭。

脑洞大开显天才

益智玩具

七巧板起源于"茶几"?

九连环为什么有九个环?

鲁班锁为什么易拆难装?

中国象棋

河界三分阔，智谋万丈深

象戏

唐朝牛僧孺在《玄怪录》中讲了一个神话故事。说："有巴邛人，不知姓，家有橘园生有两大橘，剖开，每橘有二老叟，皆相对象戏。"后来，人们就把象戏称作"桔中戏"。

这象戏就是现今象棋的古称。从这个神话可以看出，象棋十分古老，又十分有趣。

象棋的来历

象棋又名"相棋"。这不奇怪,因为它是一种战棋,"相"和"将""士"一样,都是军官名。"将"是坐镇的、"士"是打仗的,而"相"则是管策划的。

那么,象棋中的"象"是指什么呢?是大象吗,古时大象也能作战吗?

关于"象"的所指,有四种说法:

一、"象"指"星象"。《续藏经》中说,划神农以日月星辰为象。因此有人认为,象棋是上古神农氏发明的。因为战争中要观察天象,故象棋中的"象"是管天象的军官。

二、"象"指"猛兽"。宋代晁补之在《广象戏格·序》中说,黄帝之战,驱猛兽以为阵。这猛兽即为大象。因此说象棋的棋子"象",的确为大象。

三、传说虞舜造象棋,教其同父异母的弟弟玩,其弟名为"象"。所以就把这种棋称作"象棋"。这种说法认为,象棋是以人名来命名的。

四、武王用象棋来模仿周礼兵制。周朝兵制以五人为伍,故象棋中有"兵""卒"各五枚棋子。这种说法是依从兵的编制而得名。

这些说法各有一定道理,但都是一家之言,只供参考。唯一可信的是，各种说法都证明，象棋的历史极为久远。

象棋定型

宋朝，中国象棋基本定型。

唐朝《玄怪录》中提到的象戏，已有将、车、马、卒棋子。到北宋，象棋共有32枚子，与现代象棋棋子相同，棋盘有九宫（米字格）。

宋朝曹勋在《北狩见闻录》中，讲到康王赵构将在河南即位，其母韦妃以象棋占卜。即将"康王"二字贴在"将"棋位上。然后将32枚棋子投掷到棋盘上，她认为若"将"棋子正好落在九宫之内的"将"棋位上，则其子即可成功即位。

到北宋宋高宗时，棋盘以板画路，中间界之以河，即今"楚河""汉界"。河对岸各设16枚棋子。棋子有卒、砲、车、马、象等。这样，棋盘、棋子就和今天的象棋一样了。

这里要特别提到车、砲两种棋子。

"车"是个双音词，皆指战车。一般读"chē"。但在象棋中，习惯读"jū"。

"砲"这个词，在老式象棋中是"石"字旁，而不是"火"字旁。原因是古代的"炮"不用火药发射，而是用机关抛射石块。西晋兵书中就有"机发飞石"之说。

象棋文化

现在,象棋不仅是家喻户晓的民间游戏棋,而且已经被列入体育运动项目。同时,也进到了文化领域。

在舞台上,经常出现"将""相""兵""卒"这样的戏剧人物。

有一类谜语,专门以象棋为内容,比如:谜面为"边卒"。打一中药名。谜底为"车前子"。因为在象棋中,边"卒"往往在"车"前。

中国还有一种劝人饮酒的"酒令"。就是说一句带象棋棋子的诗,诗中所指的人则要饮酒一次。比如:"停车坐爱枫林晚",这句唐诗中有"车"这个棋子名。"枫林晚"即"红叶"。所以席中有一喝酒就脸红的人,要饮酒一次。"儿童相见不相识",这句唐诗中有"相"这个棋子名。"不相识"即指陌生人。故席中的陌生人得饮酒一次。

象棋还与成语和新词有关。成语"楚河汉界"是象棋盘的中界线,意思是"划清界线"。还有一个词"将你一军",出自象棋的一步棋术,现转化成"给你出个难题考考你"的意思。

围棋

洞中一棋,世上千年

烂柯山的故事

浙江省衢州市有一座山,叫"烂柯山"。"柯"是斧子柄的意思。传说晋朝人王质到山里砍柴,看见两个童子在对弈,就是下围棋。王质在一边认真看棋,看着看着,发现一盘棋还没下完,回身一看,斧柄已经烂掉了。原来"山中一盘棋,世上数千年",一盘棋下了几千年!

后来,人们就把这座山叫烂柯山,把围棋称作"烂柯"。

起于兵法

相传,围棋有近五千年的历史。战国时期的古籍《世本》说"尧造围棋"。晋代《博物志》说"舜以子商均愚,故作围棋以教之。"尧、舜都是华夏先祖,说他们发明围棋,并用来教育儿子,证明了围棋历史悠久,而且在晋代,人们已经认为围棋有启发智力的作用。

不过,最被认可的说法是,围棋起源于军事。汉朝桓谭在《新

论》中指出："世有围棋之戏，或言是兵法之类。"马融在《围棋赋》中说得更明白："略观围棋兮，法于用兵；三尺之局兮，为战斗场；陈聚士卒兮，两敌相当；拙者无功兮，弱者先亡。"文中将三尺棋盘当战场，开局双方士兵相当，到后来才分强弱胜负。

古代有许多军事家，都是围棋高手。汉高祖刘邦，甚至在宫中作乐时，还与夫人弈棋、饮酒。三国时，魏国曹操、东吴孙策、蜀国费祎等军事奇才深通弈理。这"弈"就是围棋的古称。唐玄宗李隆基是围棋迷。他在宫中专门养了"棋待诏"，就是专供与他对弈的围棋"国手"。安史之乱时，他入蜀避难，也不忘带上围棋和最著名的棋待诏——王积薪，以便随时对弈。

围棋之道

围棋比之象棋，棋盘和棋子都相对简单。

三国时的邯郸淳写的《艺经》中说，魏晋及以前的棋局是"纵横十七道，合二百八十九道。白黑棋子各一百五十枚。"

到了唐朝，纵横各加一道，为十八道。宋朝又增加一道，成十九道。共三百六十一个交叉点。至此，棋盘、棋子定型至今。

围棋的基本玩法就是双方各持一色棋子，轮流在棋盘上卜棋。

最后，看哪方"占地（占据棋盘上的交叉点或围住棋盘上的空点）"多，哪方即获胜。

围棋的玩法和规则看似简单，其实下起来很复杂，是一种高深的智力游戏。比如围棋战术就有做眼、点眼、打劫、围、断等多种。棋局又分布局、中盘、收官三个阶段。

如今，围棋和象棋一样，已被列入国家体育运动项目。围棋早在西汉时就传入印度，公元6世纪传入日本。它已经成为世界流行的一项娱乐活动了。

五星棋

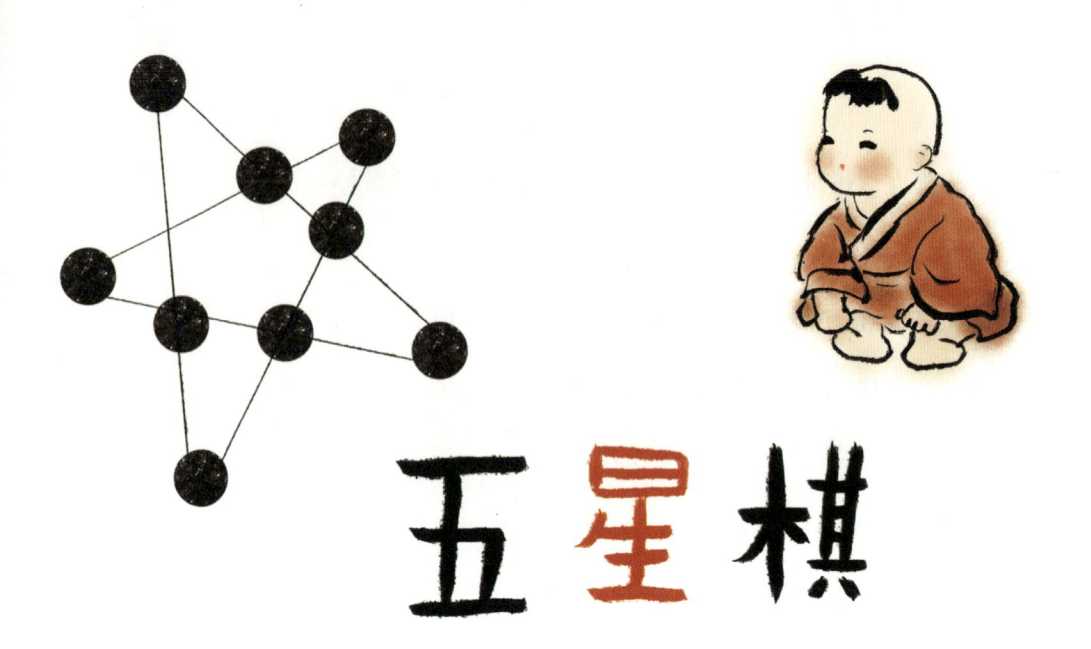

暗藏诸葛亮的空城计

从单人棋谈起

一般棋类都是两人或多人对弈，但有一种棋则只供一人玩，这种棋叫单人棋。最著名的单人棋是起源于17世纪欧洲的独粒钻石棋。它被称为"世界三大不可思议的玩具"之一。

这种棋的棋盘呈十字形，共有33个交点。棋子则只有32枚，所以布满棋盘后，有一个空点。玩的方法是，将一枚棋子平行越过另一枚棋子，跳到空格上，同时，将跳过的另一枚棋子吃掉。要求跳到最后，棋盘上只剩一枚棋子。所以，叫"独粒钻石棋"。

世界上有许多人都在研究这种棋。剑桥大学的比尼斯证明，至少要用18步才能成功。

九子仙棋

早在我国清朝出版的戏法书《鹅幻汇编》中，就记录有类似独粒钻石棋的单人棋，叫"九子仙棋"。

"九子仙棋"的布局也和独粒钻石棋相似。它的棋盘呈五角星形，所以又叫"五星棋"，棋盘上共有10个交点。棋子为9枚。当棋盘布满棋子后，也有一个交点空着。

玩法则是和独粒钻石棋相反。先在棋盘上放一枚棋子，下一步是从任意空交点沿直线数三步，放下一枚棋子。按这个要求一一放棋子，到最后，放满9枚棋子为成功。

不要以为下这种棋很简单，其实不按规律难以成功。成功的秘诀是用"尾追法"。就是把上一次作为起点的交点，当作下一次走的终点。正确走成功的步数为9步。

空城计

我国著名的数学游戏专家谈祥柏教授,给这种棋起了一个别名"空城计"。这是怎么回事呢?原来,这种棋的棋局,与《三国演义》中的"空城计"有相似之处。

传说司马懿十五万大军直逼西城,困守在西城的诸葛亮身边已无几个士兵和将领。怎么办呢?在这个传说版本中,诸葛亮想起了一个计策,就是让城中余兵和百姓都来玩五星棋。因为玩这种棋是数三步下一棋子。大家边玩边喊,所以满城都发出"一二三"的声音。司马懿听到叫声,以为是城中军士操练的声音,说明城里有众兵守卫。于是,他下令退兵了。

这就是另一版"空城计",传说中这个计策来源于玩五星棋。

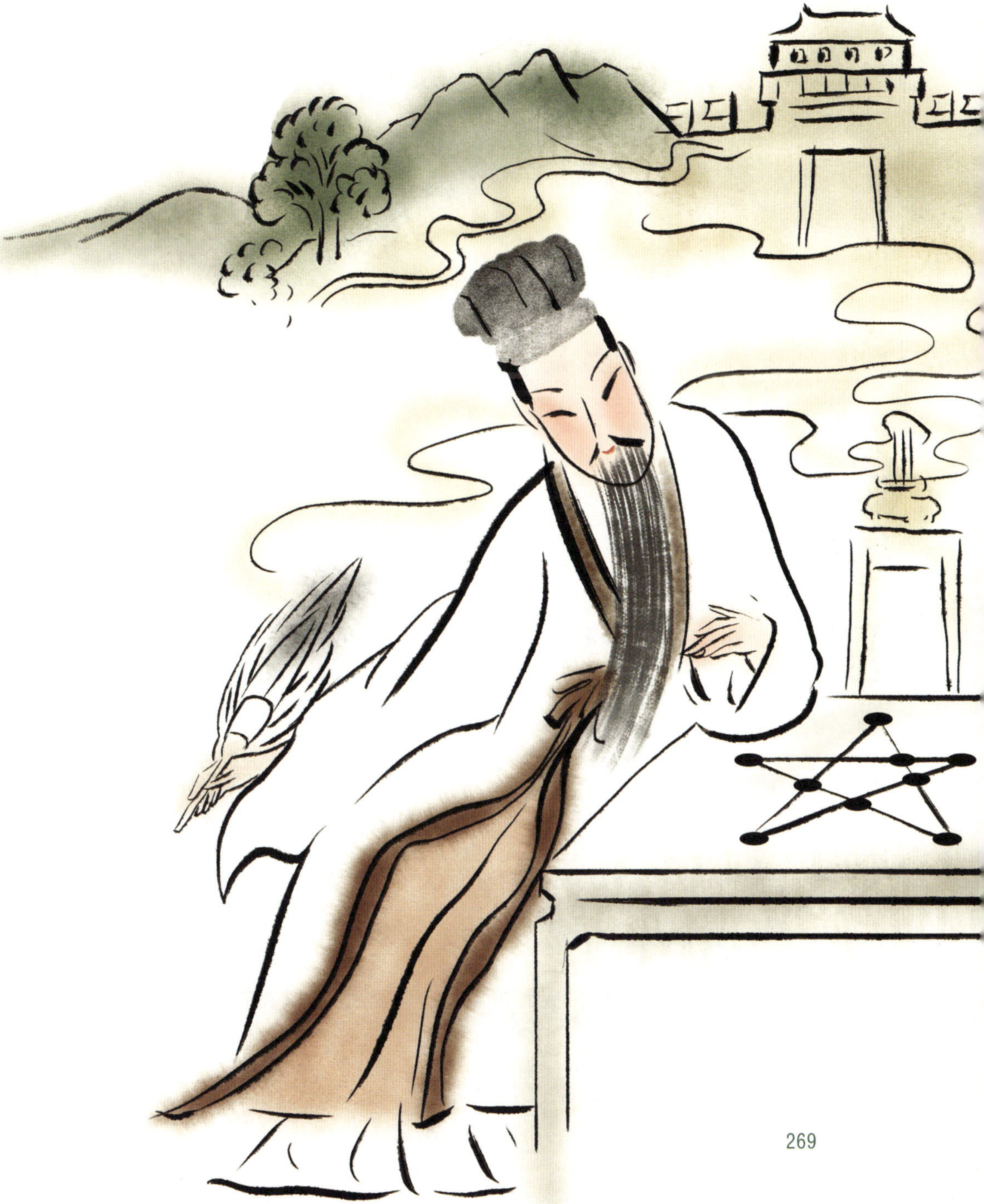

七巧板

东方最古老的娱乐工具

从宴几到玩具

  七巧板是中国乃至世界上最古老的智力玩具之一,它是怎样发明出来的呢?据现有资料看,它是由古代宴客的宴几演变而来的。

  清朝《冷庐杂识》书中说,宋朝人黄伯思设计了一种宴客用的"燕几图"。古时,"燕"和"宴"相通,燕几图就是宴客用的桌几图案。它由7块长方形桌几拼成,可以根据客人地位和人数不同,自由拼合成各种形状。

明朝严澄（chéng）又将宴几改成"蝶几"。蝶几变长方形为三角形和梯形。这样就可以拼出更复杂的图案，供多种宴会用。

到了清朝，有人将实用的"几"缩小，制成小小的拼板，变成了玩具。后又经过不断改造，成型为7块，定名为"七巧板"。

源出勾股

清嘉庆年间，桑下客编著的《七巧图合璧》一书，指出"七巧之戏，源出勾股法"。勾股法是中国古代数学成就的重要代表，其以直角三角形为基础的几何法则蕴含了深厚的数学原理。他正式把勾股和七巧板联系，点明了七巧板的智慧之源。

1818年，德国《莱比锡工业画报》中，收有一篇名为《用中国七巧板向青少年通俗解释欧几里得定理》的论文，欧几里得定理即中国的勾股定理。

日本数学家曾向全世界征求一个难题：用七巧板可以拼出多少个凸多边形？1942年，浙江大学两位老师最早破解此难题，并写出论证文，发表在《美国数学月刊》上。

英国科技史学家李约瑟在《中国科技史》书中说："七巧板是东方最古老的娱乐工具。"并指出它与"几何分割、静态对策、变位镶嵌"等数学分支有关。

唐图

大约从18世纪起,七巧板就传到国外,由此掀起了一股七巧板"热潮"。

据初步统计,当时国外出版的七巧板图书不下几十种,记录用它拼出的图案达千余例。七巧板令许多名人都沉迷其中。丹麦童话大师安徒生把七巧板编入童话中。法国政治家拿破仑在流亡期间,也对七巧板念念不忘。

西方还给七巧板取了个英文名"Tangram",音近"唐",故称"唐图"。国外常用"唐"来指"中国"。所以,有人认为,在外国人心目中,七巧板就是"中国之图"。七巧板成了中国一张闪亮的名片。

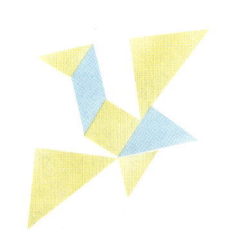

九连环

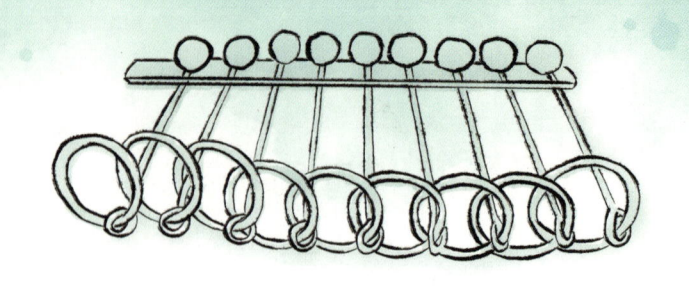

"妙绪环生"

"国礼"玉连环

西汉学者刘向在他编的《战国策》中,讲到一个玉连环的故事。

秦昭王派使臣去齐国,带去一个礼物"玉连环"。这是一个两环相连的东西。使臣叫齐王解开。齐王和群臣都解不开,齐后突然明白,这玉连环是玉匠从一块完整的玉石上凿出来的,无人能解,而秦王送这样的礼物就是在为难齐国。于是她用锤子把它砸碎了。

这个故事说的是秦王的傲慢。那么,这"玉连环"到底是什么东西呢？传说，这实际类似一种解环玩具。有人认为，这种玩具相当于"二连环"。后来慢慢发展，就成了今天人们常见的九连环。

我国民间有句俗语"解不开歧中易，卸不下九连环。"这"歧中易"就是指与"二连环"类似的解环玩具。俗语的意思是，若是二连环也解不开，就更卸不开九连环了。

解九连环的苦与乐

清朝印行的《霓裳续谱》中，有一首关于九连环的竹枝词：

> 有情人，送奴一把九连环，
> 九呀九连环。

十指纤纤解不开，拿把刀来割，

割也割不开。

原来，古时把九连环作为爱情的信物，解不开说明爱情的牢固。所以，玩九连环苦中有乐。

名著《红楼梦》中，就有众姐妹在宝玉房中玩九连环的情节。难怪当时的民俗画家吴友如在他画的众人玩九连环图中，题词"妙绪环生"，即"妙趣横生"啊！

当然，玩九连环并不容易，所以在20世纪初一张画有母子玩九连环的明信片上，写有一首诗：

铜片做了九连环，坐在家中解心烦。

聪明之人还可学，小儿哪里弄得成？

中国魔环

据专家考证，九连环在400多年前传到西洋，被称作"中国魔环"。这在1550年的西方资料中，就有记录。16世纪时的意大利数学家卡尔达诺指出，九连环的玩法与数学有关。

专家指出，解九连环和数学里的二进制有关。环数越多，解开的步数呈二倍增长。解二连环只需3步；而解九连环，步数为511；

若解十九连环，则要 524287 步。由此可见，玩十九连环，步数几十百万，一辈子也解不完。而解九连环步数适中，所以成为环类玩具的经典。

中国古代认为九是阳数之极，这种"崇九"思想，在九连环上得到具体的体现，所以连环玩具以九个环为最优。

日本专家相良半佃在他写的《另类童话·玩具》中，将九连环列为"另类童话"，意思是说，九连环作为玩具，已经深入到儿童心中，成为别具一格的新童话。

华容道

棋盘游戏捉放曹

重排九宫

　　华容道是一种滑块式智力玩具。就是在一个棋盘内，放上若干滑块。棋盘留有空位，要求通过空位移动滑块，以达到预定目的。

　　滑块游戏历史悠久。在我国宋朝，就有一种叫"重排九宫"的滑块游戏。它是在九宫内，放八块滑块，各块标上 1 至 8 八个数字。九宫内有一宫空着，滑块可借此空位移动。

　　玩此游戏的目的有多种，比如排"幻方"（古称"洛书"）。

先将九块打乱,要求用最少步数排成每行、每列、两对角线各数和相等。又比如先将九块打乱,要求用最少步数排成 1 至 8 的顺序。

和《三国演义》挂钩

"重排九宫"比较简单，玩起来有些单调。于是有人想，把棋盘扩大，滑块数增加，滑块形状变成大小一样。这样，慢慢就形成了今天华容道结构。

华容道的棋盘为含 20 个小方格的长方形。棋子共 10 枚。其中大正方形（占 4 个小方格）1 枚，长方形（占 2 个小方格）5 枚，小正方形（占 1 个小方格）4 枚，加起来共占 18 个小正方形的面积。棋子布满棋盘后，棋盘留有 2 个小空格。开局时，大正方形滑块放在棋盘最上方，空格留在最下方。玩的要求是，用最少步数将大正方形移至最下方。

后来，有人为增加趣味，把它和《三国演义》中的人物联系起来。将大方块命名为"曹操"，5 个长方形分别命名为"关羽""张飞""赵云""马超"和"黄忠"。4 个小方块命名为"卒"。整个布局为曹操放在上方中间，张、赵、马、黄分别列其左右，关羽在其下，下方放 4 个卒。最下方留有 2 个空格。玩的要求是，用最少步数将曹操移至空格处。这情景就像是曹操走华容道，于是有了"华容道"这个名称。

不可思议的游戏

有人认为,华容道玩具来自国外,因为国外最早有文字记载这种玩具。但是,华容道玩具在中国民间流传甚久,虽然文字记载比较晚,但不能认为这种玩具为国外独创。早在 20 世纪 40 年代,我国西北工业大学教授姜长英就将它写入《科学消遣》一书中。

在我国,华容道的玩法极多。其中,最正宗的布局为"横刀立马",其最优解法是 81 步。由于这种玩具十分巧妙,国际智力游戏专家把它列为"世界三大不可思议的玩具"之一,其他两个分别为匈牙利人发明的魔方和法国人发明的独粒钻石棋。

现在,华容道不仅是人们津津乐道的智力玩具,而且还成了一种实用品。比如,以色列推出一种"交通拥挤"游戏,将华容道变成汽车调度器,用来疏导交通。美国将它变成搬家器,用它来协调搬移家具。这真是不可思议啊!

鲁班锁

献给联合国的礼物

用玩具诠释和平

2023年3月11日，中国常驻联合国代表张军任联合国安理会当月轮值主席，他向安理会成员国常驻代表赠送了一件特殊的礼物——鲁班锁。他用这种中国传统玩具来呼吁和平。他说："鲁班锁犹如和平，拆开容易重建难。"

原来，这种玩具是用六根木柱通过榫卯咬合而成，抽去一根即散，而散开的木柱要想复原，则十分困难。所以，用它来诠释和平，十分贴切。

"六子联芳"

传说鲁班锁是木工祖师爷鲁班，为考验儿子发明的。其实，鲁班锁是集中国木工技术的精华——榫卯结构而形成的一种拼插玩具。

这种玩具历史悠久，流行广泛，所以各地称谓不相同。在江浙一带，叫"孔明锁"。在中原地区，叫"别闷棍"和"难人木"。在两广地区，叫"六棱柱"。在西南地区，叫"莫奈何"。在西北地区，叫"六疙瘩"。而在中国古代，则叫"六子联芳"。

清代唐再丰编撰的《鹅幻汇编》中，记录了许多中国古代戏法。其中有一种"戏具"，它是"益智之具，若七巧板、九连环然也。其源出于戏术家，今则市肆出售，且作孩稚戏具矣。"

编者把这种和七巧板、九连环并列的戏具称作益智玩具，名为"六子联芳"。原来，它是由六根木柱组成。"中间有缺，以缺相拼合，作十字双交，呈鹿角状，而合而为一。若分开之，不知其决者，颇难拼合。"

书中还将它与孔子的"六艺"关联，六根木柱分别标为"礼、乐、射、御、书、数"。这样，就把这种玩具上升到儒家文化的高度。

刺果难题

鲁班锁很早就传到西方。早在1857年，美国出版的《魔术师手册》就引进了这种中国戏具。西方把这种戏具称作"六根刺的刺果拼插难题（玩具）"。据美国著名的益智游戏大师马丁·加德纳介绍，这种六柱鲁班锁的组合方式，多达119979种。

现在，鲁班锁不管是在木柱数量上，还是造型方式上，都有很大的发展。木柱数从6根、发展到9根、18根，甚至上百根。形状从十字形，发展到各种艺术造型。比如，我国有位鲁班锁专家，用9根木柱组合成"九九归一"雕塑，以纪念香港回归。西班牙著名雕塑家用这种结构，组成火神普罗米修斯的形象。

我国有专家，用上百根木柱，组成地球形鲁班锁。我们借用中国驻联合国代表用鲁班锁诠释和平的思维，可以用这种地球形鲁班锁来象征"人类命运共同体"！

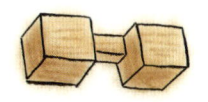

作者简介

余俊雄

少儿科普作家、编审，毕业于北京航空学院（今北京航空航天大学），曾任《我们爱科学》杂志主编。担任中国科普作家协会荣誉理事，北京玩具协会益智玩具委员会主任，中国收藏家协会玩具收藏与创新发展委员会副主任，曾任少儿科普专业委员会主任，著有《航空史话》《数独揭秘》等数十部科普图书，发表科普作品数百篇。

赵墨染

图画书创作者，毕业于清华大学美术学院。自幼喜欢用画笔讲故事，代表作有《我的爸爸是军人》《中国高铁》《爸爸的秘密》等。作品曾获冰心儿童图书奖、科技部全国优秀科普作品，入选国家十三五重点出版规划。作品入选博洛尼亚国际童书展中国原创插画展和全国书籍设计艺术展。